Die Wormser Türken
Worms'lu Türkler

Mit Beiträgen von
Abu Şehmuz Demir
Berthold Röth
und
Ulrike Schäfer

Deutsche Bearbeitung
türkischer Texte
von Horst Gobrecht

WORMS
VERLAG

Tebrik

Değerli okurlar,

Türkiye ile imzalanan İşgücü Anlaşmasının 50nci yıldönümü vesilesiyle dönemin tanıklarının aktardıkları hadiseleri ilgiyle okudum ve Türk göçmenlerin başından itibaren işyerlerinde çalışma arkadaşlarının olumlu yaklaşımlarıyla karşılandığını saptadım. Sendikaların çalışmaları neticesinde sadece yabancı işçiler lehine eşit çalışma koşullarıyla ilgili esaslı değişikliklere gidilmesiyle yetinilmemiş, bilakis göçmenlere fahri yöneticilik, sendika temsilciliği ve kurum meclis üyeliği yolunu açma başarısına ulaşılmıştır. İş arkadaşları arasındaki siyasi ve sosyal konulara ilişkin bilgisizlik nedeniyle maalesef bu toplumsal konum onlarca yıldır engellenmiş ve göçmenlerin statüleri görmezden gelinmiştir. O zamanki deyimle ›misafir işçi‹ terimi işçi göçmenlerin geçici olarak iş güçlerini kullanmalarıyla tanımlanmaktaydı.

Yabancı işçiler ise ortaya çıkan gerçeklerle yüz yüze kaldılar, çünkü Almanya'da geçici olarak kalma fikriyle yola çıkmışlardı ve bu düşüncelerinde yanıldılar. Dönemin tanıkları geri dönme düşüncesiyle kötü ikamet şartlarını, memleket hasretini ve ailelerinden uzak olmayı göze aldıklarını, ancak aile birleşimi yoluyla yavaş yavaş bu sorunları aştıklarını anlatmaktadırlar. Burada da yine iş gücü piyasası etkiliydi, zira Alman işverenler tecrübeli, çalışkan ve işyerlerine uyum sağlamış yabancı iş gücünü kaybetmek istemiyorlardı.

İlk nesil yabancı işçiler, başlarda şaşkınlık yaşamış olsalar da, bir çoğu emekliklerine ulaşana dek işlerine sadık kalmışlardır. Bu broşürde, işgücü anlaşmasının Wormstaki tanıkları, Köln'de Ford ne ise bizim için Opel de oydu örneğiyle, Worms şehrinde bügun var olmayan Kübel, Rohpappe, Dingler & Karcher, Frigolit vb. şirketlerin 50 yıl önce eğitimsiz işçileri çalıştırarak istihdam sunduklarını teyit etmişlerdir.

Grußwort

Sehr geehrte Leserinnen, sehr geehrte Leser,

mit Interesse habe ich die Berichte der Zeitzeugen zum fünfzigjährigen Jubiläum des Anwerbeabkommens mit der Türkei gelesen und festgestellt, dass die Aufnahme der türkischen Zuwanderer im Kreis ihrer Kolleginnen und Kollegen in den Unternehmen anfangs unproblematisch war. Aufgrund des gewerkschaftlichen Engagements ist es nicht nur gelungen, gleiche Arbeitsbedingungen für die ausländischen Kräfte zu organisieren, sondern die Migrantinnen und Migranten auch als ehrenamtliche Funktionsträger wie Vertrauensleute und Betriebsratsangehörige einzubinden. Diese soziale Anerkennung im Kreis der Arbeitskollegen wurde leider jahrzehntelang durch eine politische und gesellschaftliche Ignoranz konterkariert, die den Zugewanderten den ihnen zustehenden Status verweigerte. Der Begriff der Gastarbeiter und Gastarbeiterinnen macht deutlich, dass man sie lediglich Arbeitsmigranten mit zeitlich befristetem Aufenthalt ansah.

Die Macht des Faktischen schuf Realitäten, denen sich auch die ausländischen Arbeitskräfte stellen mussten, denn auch sie gingen von falschen Annahmen eines vorübergehenden Aufenthalts in Deutschland aus. Die Zeitzeugen berichten von schlechten Wohnbedingungen, von Heimweh und von familiären Trennungen, die im Hinblick auf die baldige Rückkehr in die Heimat in Kauf genommen wurden, aber nach und nach durch Familienzusammenführung überwunden werden konnten. Auch hier war die Arbeitssituation wieder der Katalysator, denn die deutschen Unternehmen wollten ihre angelernten, fleißigen und am Arbeitsplatz integrierten ausländischen Kräfte nicht verlieren.

Viele der ersten Gastarbeitergeneration fanden nach den Anfangswirren feste Arbeitsplätze, denen sie bis zu ihrer Pensionierung treu blieben. Die Wormser Zeitzeugen bestätigen in dieser Broschüre dieses Muster. Was bei den Kölnern Ford war, war bei uns Opel und innerhalb von Worms, Kübel, Rohpappe Dingler & Karcher, Frigolit etc., viele Unternehmen, die heute nicht mehr existieren, vor fünfzig Jahren aber Arbeitsplätze anboten, die auch von ungelernten Kräften besetzt werden konnten.

Bugün ise uluslararası bağlantılar ve teknolojinin ilerlemesi nedeniyle yeniden iş gücü eksikliği ortaya çıkmıştır, ancak o dönemden farklı olarak uzmanlaşmış iş gücüne ihtiyaç duyulmaktadır. Zanaat, sanayi ve bilim gibi zor ve titizlik gerektiren iş dalları, demografik değişim nedeniyle yalnızca göçmen kökenli insanlarla, yani misafir işçilerin evlatlarıyla doldurulabilir.

Ne mutlu ki, 2005 yılında yürürlüğe giren göç yasasıyla, Alman vatandaşlığını almış olsun veya olmasın, sadece göçmen kökenlilerin toplumun eşit üyeleri olarak kabullenilmeleri olgusunu değil, aynı zamanda ilk nesil göçmenlerin çocuklarının ve torunlarının desteklenmesi konusunda da uyum politikalarını ve yasal düzenlemeleri kademeli olarak hayata geçirmekteyiz. Artan muhafazakarlığı önlemek için dil öğrenmeyi destekleyici programlardan ve eğitim hizmetlerinden göçmen kökenliler daha geniş kapsamlı bir şekilde yararlanmalıdırlar. Bugün, ilk nesil göçmenlere kıyasla eğitim seviyesi yükselmiş olmakla birlikte, medyanın sunduğu teknolojik imkânların da etkisiyle, göçmenlerin bir bölümünün toplumsal katılımı ve iş piyasasına uyumu tehlikeye attıkları gözlenmektedir. Dönemin tanıklarınca aktarılanlara göre, kısıtlı imkânlardan dolayı yerli komşularla ve çalışma arkadaşlarıyla bilgi alışverişi olağan bir durumdu ve din konusu hiç gündeme getirilmezdi. İlk neslin bu müspet yönünü bir uyum örneği olarak hatırda tutmalıyız.

Yıllar önce şehir idaremizce göçmen kökenlilerin haklarını korumak üzere bir temsilcilik kurarak ve mahalli Göç ve Uyum sorumlusu atayarak, uyum politikasına katkı yönünde adımlar attık. İnanıyorum ki, çeşitliğin artmasına imkân sağlamak adına Worms şehri yabancı kökenli vatandaşlarımıza karşı 'hoş geldiniz' ve takdir kültürü oluşturma konusunda doğru yoldadır. Kültürlerarası etkinliklerle dolu bu yıldönümü haftası bağlamında oluşturulan bu broşürle sözkonusu adımlar son bulmayacak.

Bu broşürün oluşturulmasına, her iki göç ve uyum sorumlularımızın teşvikiyle katkıda bulunan tüm kurumlara, göçmen kökenli olsun veya olmasın, kültüre ilgi duyan gönüllü yardımcılara ve şehir idaresi görevlilerine teşekkürlerimi sunarım.

İşgücü göçünün tanıklarının hayatlarından alınmış kesitlerin yarar getirici bir paylaşım olması dileklerimle.

Michael Kissel
Worms Büyükşehir Belediye Başkanı

Heute zeichnet sich im Rahmen der internationalen Verknüpfung und des technischen Fortschritts erneut ein Arbeitskräftemangel ab, aber im Gegensatz zu damals sind heute gut ausgebildete Fachkräfte gefragt. Diese anspruchsvollen Arbeitsplätze – im Handwerk wie in Industrie und Wissenschaft – können aufgrund des demografischen Wandels nur unter Einbeziehung der Menschen mit Migrationshintergrund, der Nachkommen der Gastarbeitergeneration, besetzt werden.

Glücklicherweise haben wir seit 2005 ein Zuwanderungsgesetz und damit nicht nur die Anerkennung der Mitbürger ausländischer Herkunft – mit oder ohne deutsche Staatsangehörigkeit – als gleichberechtigte Mitglieder unserer Gesellschaft, sondern schaffen auch nach und nach die integrationspolitischen und gesetzlichen Rahmenbedingungen zur Förderung der Kinder und Enkelkinder der ersten Zuwanderungsgeneration. Die Sprachförder- und Bildungsangebote müssen von Migrantenseite aber auch umfangreich angenommen werden, um einem wachsenden Rückzug in religiös bestimmte, traditionelle Nischen zu begegnen. Im Gegensatz zur ersten Zuwanderergeneration wird bei Teilen der heutigen Migranten, verstärkt durch die medientechnischen Möglichkeiten, trotz hoher Bildungsaspiration eine Tendenz beobachtet, die die gesellschaftliche Teilhabe und die Arbeitsmarktintegration gefährdet. Wie die Zeitzeugen berichten, war ein Austausch mit den einheimischen Nachbarn und Arbeitskollegen mangels anderer Möglichkeiten alltäglich und die unterschiedliche Religion kein Thema. Diese positive Seite der ersten Zuwanderungsgeneration sollten wir als gutes Integrationsbeispiel in Erinnerung behalten.

Auf städtischer Seite haben wir vor Jahren mit der Einrichtung einer gewählten Interessenvertretung der Migrantinnen und Migranten und vor mehr als zwei Jahren mit der Einstellung der kommunalen Migrations- und Intergrationsbeauftragten auf die Herausforderung einer strukturierten Integrationspolitik reagiert. Ich bin mir sicher, dass die Stadt Worms damit auf einem guten Weg ist, eine Anerkennungs- und Willkommenskultur gegenüber ihren Mitbürgerinnen und Mitbürgern mit ausländischen Wurzeln zu schaffen, die der Vielfalt eine Chance gibt. Davon zeugt nicht zuletzt diese mit interkulturellen Ereignissen prall gefüllte Jubiläumswoche, in deren Kontext diese Broschüre entstanden ist.

Mein Dank gilt den Organisatoren, die auf Anregung unserer beiden Migrations- und Integrationsbeauftragten, zusammen mit ehrenamtlich Beteiligten aus kulturell interessierten Kreisen, mit und ohne Migrationsstatus, und Bediensteten der Stadt diese Broschüre ermöglicht haben.

Allen Leserinnen und Lesern wünsche ich eine gewinnbringende Auseinandersetzung mit den hier zusammengetragenen Notizen aus dem Leben der Zeitzeugen.

Michael Kissel
Oberbürgermeister von Worms

Grußwort

Vor fünfzig Jahren wurde das Anwerbeabkommen zwischen Deutschland und der Türkei geschlossen. In diesem Jahr erinnern zahlreiche Veranstaltungen an dieses Datum, denn es hat Deutschland bis heute nachhaltig geprägt.

Aufgrund des »Wirtschaftswunders« brauchte die Industrie zu dieser Zeit dringend Arbeitskräfte aus dem Ausland, weil der Arbeitskräftebedarf nicht mehr mit Deutschen gedeckt werden konnte. Damals wurden die Weichen gestellt für die Einwanderung von Hunderttausenden von Arbeitskräften aus der Türkei, von jener Einwanderergruppe, die später die größte in Deutschland werden sollte.

Es waren mutige und zupackende Menschen, die nach Deutschland kamen. Sie stammten meistens aus einfachen Verhältnissen, die in ein für sie sprachlich und kulturell fremdes Land zogen. Es wird Zeit, dieser Generation der Gastarbeiter die Anerkennung zukommen zu lassen, die ihnen zusteht. Denn sie waren die Ersten, die Pioniere – sie haben Deutschland verändert und bereichert. Ohne sie wäre Deutschland nicht das Einwanderungsland geworden, das es heute ist. Ich blicke mit großer Anerkennung und Dank auf diese Menschen: *çok teşekkürler.*

Viele aus dieser Gastarbeitergeneration sind wieder in ihr Heimatland zurückgekehrt. Viele sind aber auch hier geblieben. Inzwischen leben Abkömmlinge der zweiten und dritten Generation in Deutschland. Und wenn wir sie manchmal noch als »Menschen mit Migrationshintergrund« bezeichnen, so sind sie längst doch Deutsche geworden.

Auch in Rheinland-Pfalz ist die größte Migrantengruppe die der türkischstämmigen. Auch hier prägen sie das soziale, kulturelle und wirtschaftliche Leben des Landes. Sie arbeiten in den unterschiedlichsten Branchen, viele haben Unternehmen gegründet und selbst Arbeitsplätze geschaffen. Mehr und mehr engagieren sie sich in deutschen Organisationen und Institutionen wie in Parteien oder in Gewerkschaften. Immer mehr sehen wir Türkischstämmige in den Medien, als Lehrkräfte in den Schulen oder Erzieherinnen in den Kitas. Kurzum, sie sind ein nicht mehr wegzudenkender Bestandteil unserer Gesellschaft.

Die öffentliche »Integrationsdebatte« der vergangenen Zeit legt zu einseitig den Fokus auf Probleme und vermeintliche Defizite von Zugewanderten, wofür gerade oft die Türkischstämmigen herhalten müssen. Sie versperrt somit den Blick darauf, dass im Alltag das Zusammenleben von Zugewanderten und Einheimischen in der Regel gut funktioniert. Die überwiegende Mehrheit der Migrantinnen und Migranten, gerade der türkischstämmigen, fühlt sich hier heimisch und Deutschland verbunden, will sich einbringen und ihren Beitrag zum Wohl unseres Landes leisten. Dies stärker anzuerkennen und wertzuschätzen, sollte unsere gemeinsame Aufgabe sein.

Ich freue mich und bin dankbar dafür, dass auch die Stadt Worms mit dieser Denkschrift einen Beitrag dazu leistet, unseren türkischstämmigen Menschen ein Stück der Anerkennung zukommen zu lassen, die sie verdient haben, und gleichzeitig ein Stück deutscher Geschichte lebendig zu halten.

Miguel Vicente
Beauftragter der Landesregierung
für Migration und Integration

Önsöz

Türkiye ile 50 yıl önce yapılan iş anlaşması, Worms şehri Entegrasyon sorumlusu olarak bizi, Worms'a ilk gelen Türk işçilerinin izlerini takip etmek amacıyla bir çalışma başlatmaya yöneltti. Bu çalışmayı o zamanlar Worms'ta bulunan işletmelerle başlatmayı düşünmüştük. Fakat şu anda o zamanki işletmelerden hiçbiri yoktur.

Sevindirici olan ise, Şehir Kültür koordinatörü Volker Gallé'nin görevlendirdiği Berthold Röth ve Abu Şehmuz Demir'in zamanın tanıkları ve ilk gelenlerle yapmış oldukları söyleşilerle bu açığı kapatabildik. Bu konuya ilgi duyanların da katıldığı hazırlık çalışma grubu giderek büyüdü ve aylarca süren yoğun çabalar sonunda, bir kutlama jübile haftası kararı alındı. Etkinlikte Tiyatro, Film gösterimi, Edebiyat okuma günleri, Sanatsal gösteri ve sohbet saatlerinin yanı sıra, Belediye binasında dokümanlardan, hatıralardan, fotoğraflardan ve karikatürlerden oluşan bir sergi sunulacak. Bunları içeren bir broşürde ilk Türk işçileri ile ilgili anıların yer aldığı Kültür Programı olmasına karar verildi.

Zamanın tanıklarının ifadeleri, Türk işçilerine Alman iş arkadaşları ve işverenleri tarafından ne kadar değer verildiğini ve gurbette olmalarına, sıla hasreti çekmelerine, birçok aşağılanmalara, kötü barınma koşullarına ve dil sorunlarına rağmen, bu işçilerin Almanya'da yaşamanın üstesinden geldiklerini anlatmaktadır. Bu sosyal sorun, işçilerin kısa süreli olarak kalacağına dair yapılan hesaplardan kaynaklanmıştır. Nihayet bu sorunlar, 2005 yılında Göçmen Yasası olarak çıkarılan kanun çerçevesinde azalmaya ve devlet tarafından Entegrasyon (uyum) ve aile birleşimi konusu ele alınmaya başlandı.

Gönüllülük temelinde bu çalışmaya katkıda bulunan Redaksiyon üyeleri Ulrike Schafer, Berthold Röth ve Abu Şehmuz Demir'e, ayrıca bu çalışmalara destek olmuş tüm arkadaşlara yürekten teşekkür ediyoruz. Örneğin o zamanki iş ve işçi bulma kurumu çalışanı Walter Bens'e katkılarından dolayı kalpten teşekkür ediyoruz. Broşüre karikatürleriyle katkıda bulunan ve Mainz'de yaşayan Hüseyin Kaya 'ya teşekkür ediyoruz.

Elisabeth Gransche und Sabine Müller,
Migrations-und Integrationsbeauftrage der Stadt Worms

Vorwort

Das fünfzigjährige Jubiläum des Anwerbeabkommens mit der Türkei war für uns Integrationsbeauftragte der Stadt Worms ein Anlass, die Spur der ersten türkischen Gastarbeiter/innen in Worms aufzunehmen. Ursprünglich wollten wir zusammen mit Wormser Unternehmen dieser Zeit unser Vorhaben realisieren, doch diese einschlägigen Firmen gibt es nicht mehr in Worms.

Glücklicherweise konnten wir mit Berthold Röth und Abu Şehmuz Demir auf Interviews zurückgreifen, die im Auftrag des städtischen Kulturkoordinators Volker Gallé vor einigen Jahren mit Zeitzeugen geführt wurden. Der Kreis der Interessierten erweiterte sich schnell zu einem Vorbereitungsteam, das einige Monate lang recherchierte und im Resultat eine Jubiläumswoche zusammenstellte, die neben verschiedenen kulturellen Beiträgen wie Theater- und Filmvorführungen, Literaturlesung, künstlerischen Darbietungen und Erzählcafé vor allem eine Ausstellung im Rathaus mit Dokumenten, Erinnerungsstücken, Fotos und Karikaturen anbietet. Diese Broschüre soll das Kulturprogramm zur Erinnerung an die Anfänge der ersten türkischen Gastarbeiter ergänzen und zur Nachhaltigkeit beitragen.

Die Berichte der Zeitzeugen zeigen, wie geschätzt die türkischen Gastarbeiter/innen sowohl bei ihren deutschen Kollegen und Kolleginnen als auch bei den Arbeitgebern waren und wie gut sie, trotz Heimweh und vieler Widrigkeiten, bedingt durch die teilweise schlechte Unterbringungssituation und fehlende Sprachförderung, in Deutschland zurechtkamen. Diese soziale Mangelsituation war dem Umstand geschuldet, dass ihr Aufenthaltsstatus ursprünglich nur für kurze Zeit vorgesehen war. Mit dem Zuwanderungsgesetz von 2005 wurde die Anerkennung und Integration der ehemaligen Gastarbeiter und ihrer Nachkommen endlich staatlicherseits unterstützt.

Für die umfangreiche, zum Teil ehrenamtliche Unterstützung bedanken wir uns bei den Mitgliedern des Redaktionsteams, Ulrike Schäfer, Berthold Röth und Abu Şehmuz Demir, ganz herzlich. Gleiches gilt für das Vorbereitungsteam der Jubiläumswoche insgesamt. Wertvolle Beiträge erhielten wir von dem ehemaligen Beschäftigten der Arbeitsverwaltung, Walter Bens, bei ihm möchten wir uns an dieser Stelle auch herzlich bedanken. Ebenso gilt unser Dank Hüseyin Kaya aus Mainz, dessen Karikaturen wir für die Broschüre verwenden durften.

Elisabeth Gransche und Sabine Müller
Migrations- und Integrationsbeauftragte der Stadt Worms

Frühe Migration – »Schicksale von Menschen, die *mitten unter uns* leben«

VON **Abu Şehmuz Demir**

»Wir kamen nicht freiwillig in die Fremde. Wir wollten nicht freiwillig die ›moderne Sklaverei‹ erleben. Wir wurden gezwungen, hierher zu kommen. Die Regierungen der Türkei gaben uns keine Gelegenheit, unsere Arbeitskraft zu verkaufen. Um unser Brot zu verdienen, gaben sie uns kein Land. Wegen finanzieller Probleme waren uns die Tore zu einem Studium verschlossen. Wer hier oder dort eine Stelle fand, konnte mit dem knappen Verdienst die eigene Familie nicht ernähren. Wir machten Schulden und hatten keinerlei Möglichkeit, diese zu bezahlen. Jene, die ihre Dörfer verließen und in die Stadt kamen, konnten den Hausbesitzern nicht rechtzeitig die Miete bezahlen. Beim Lebensmittel-, Obst- und Gemüseladen und beim Metzger hatten wir auch Schulden.«

Dieses Resümee zog der türkische Arbeiter und Karikaturist Hüseyin Kaya aus Mainz nach fast vierzig Lebens- und Arbeitsjahren in Deutschland.[1] Es lässt keine idyllische Interpretation seiner Reise ins ›gelobte Land‹ jenseits des Bosporus zu, denn die Bedingungen waren rein ›sachlicher‹ Natur: Not und Perspektivlosigkeit zwangen ihn zum eigentlich unfreiwilligen Verlassen seiner ersten und zu erzwungener neuer ›Bodenständigkeit‹ in seiner zweiten Heimat. Als Hüseyin Kaya 1966 über die ›Weiterleitungsstelle‹, einer Außenstation des Landesarbeitsamtes Südbayern, in Gensingen bei Bad Kreuznach eintraf, da lebten bereits

_1 Hüseyin Kaya: *Moderne Sklaverei.* Mainz 2004, Manuskript.

mehr als hunderttausend seiner Landsleute als Teil von insgesamt mehr als einer Million »Gastarbeiter/innen« in Deutschland.

Natürlich waren die ausländischen Arbeitnehmer/innen nicht wie Sklaven hierher verschleppt worden. Selbstverständlich kamen sie freiwillig – zumindest aus juristischer Sicht. Die Rechtsgrundlage für ihre Mobilität hatte 1961 ein Anwerbeabkommen zwischen der Türkei und der Bundesrepublik Deutschland geschaffen sowie eine in Istanbul eingerichtete »deutsche Verbindungsstelle« praktisch umgesetzt. Ähnliche bilaterale Verträge gab es seit 1955 mit Italien sowie 1960 mit Spanien und Griechenland. Nach der Türkei folgten Marokko (1963), Portugal und Tunesien (1965) sowie Jugoslawien (1968). Die Einladung ins aufblühende Nachkriegsdeutschland war sehr freundlich und versprach einen sicheren Arbeitsplatz, ein gutes Einkommen – und damit nicht zuletzt eine überlebenswichtige materielle Unterstützung der in der alten Heimat verbliebenen Familienangehörigen.

Was erinnert den ehemaligen Gastarbeiter dabei dennoch an Sklaverei? War es die Kopfpauschale von einst 165, später 300 Mark, die jeder Arbeitgeber als Kosten für das Anwerben eines Arbeiters im Ausland und für dessen Reise nach Deutschland bezahlte?[2] Oder die eher einem Pferdemarkt ähnelnde Musterung der Beschäftigten, nicht nur durch einen Test im Lesen, Schreiben und hinsichtlich Berufserfahrung, sondern ebenso mittels einer Gesundheitsprüfung mit Zahn- und Fleischbeschau? Denn im Beisein einer Dolmetscherin sahen sich die deutschen Ärzte »auch die Geschlechtsorgane und die Leistengegend an, was für die Menschen aus Anatolien wahrscheinlich das Schlimmste war.« Wie bei Pferden wurde nicht nur die potenzielle Leistungsfähigkeit taxiert, sondern ebenso die körperliche Konstitution, um »gesundheitlich ›geeignete‹ Arbeitskräfte für die jeweiligen Arbeitsstellen zu finden, die den deutschen Krankenkassen langfristig nicht zur Last fallen würden.«[3]

Auch Worms gehörte zu den frühen Anlaufstellen für ausländische Arbeitnehmer/innen. Wann die

_2
Zur Geschichte der Arbeitsmigration aus der Türkei. Materialsammlung, hrsg. vom Dokumentationszentrum und Museum über die Migration aus der Türkei im Auftrag des Ministeriums für Arbeit und Soziales, Qualifikation und Technologie des Landes Nordrhein-Westfalen, Köln 2000, Arbeitsblatt »Die Reise nach Deutschland«, Seite 1.

_3
Ebd., Arbeitsblatt »Wie geht man zum Arbeiten nach Deutschland?«, Seite 5.

ersten gezielt Angeworbenen hier eintrafen, wäre noch genauer zu erkunden, doch bereits 1959 waren es 424.[4] Drei Jahre später hatte sich ihre Anzahl mit 837 zum ersten Mal fast verdoppelt,[5] davon 18,5 Prozent Frauen,[6] und bereits Ende 1966 erneut auf 1.661 verzweifacht.[7]

»Wie viele Schicksale mögen hinter diesen nüchternen Zahlen stecken? Schicksale von Menschen, die mitten unter uns leben«, thematisierte die *Wormser Zeitung* am 2. Juni 1967 die damals (wie heute immer noch) eigentlich dringend notwendige Frage. Doch im Boom des ausklingenden Wirtschaftswunders wurden solche ›Sentimentalitäten‹ von wirtschaftlichen Erwägungen und Zielen gewollt oder unbewusst verdrängt oder überlagert. Zwar hatte angeblich bereits 1963 »der Arbeitsmarkt im Wormser Bereich hinsichtlich der Verpflichtung von Ausländern eine gewisse Sättigung erreicht«,[8] aber an sich begannen die Anwerbungen und Zuzüge für die Nibelungenstadt jetzt erst richtig.

In der Anfangszeit »bildete hauptsächlich Italien das Reservoir für Gastarbeiter«, allerdings vermutete die Ausländerpolizei schon sehr bald richtig, dass sich gleichfalls die Zahl der Türken »rasch erhöhen« werde.[9] Wurden im September 1963 nur 25 von ihnen ermittelt, so waren es kurze Zeit später 48[10] und bis Ende 1970 schon 450.[11] Bis Mitte der Achtzigerjahre stellten sie gut die Hälfte der fast 5.000 ausländischen Mitbürger/innen in Worms.[12] Zu diesem Zeitpunkt sah sich die Polizei wohl aufgrund steigender Massenarbeitslosigkeit und dadurch bedingter zunehmender Frustration wie Existenzängste veranlasst, prophylaktisch zu entwarnen: »Von einer ›Überfremdung‹ der Bevölkerung kann in Worms noch keine Rede sein.«[13] Wie prinzipiell anders, ja sogar mit einer gewissen Begeisterung waren die künftigen ausländischen Mitbürger/innen anfänglich als »Gastarbeiter/innen« empfangen worden.

Zwanzig Jahre vorher zeigten sich die Wormser Unternehmen »im allgemeinen mit der Leistung und dem Verhalten ausländischer Gastarbeiter zufrieden« und hoben ausdrücklich hervor, dass »sich lediglich sieben aus fünf landwirtschaftlichen Betrieben und

_4 *Wormser Zeitung* vom 16. September 1963.

_5 *Wormser Zeitung* vom 18. Juni 1962.

_6 *Wormser Zeitung* vom 19. April 1963.

_7 *Wormser Zeitung* vom 14. Januar 1967.

_8 *Wormser Zeitung* vom 19. April 1963.

_9 *Wormser Zeitung* vom 16. September 1963.

_10 *Wormser Zeitung* vom 25. Februar 1964.

_11 *Wormser Zeitung* vom 16. Dezember 1970.

_12 *Wormser Zeitung* vom 11. Januar 1984.

_13 *Wormser Zeitung* vom 8. Januar 1982.

weitere 13 aus Industriebetrieben im ersten Halbjahr ›abgesetzt‹« hätten.[14] Gerade die Türken bezeichneten sie ausdrücklich »als seriös und arbeitswillig«,[15] deren »Fleiß und Arbeitsmoral« sie genauso lobten wie ihre »gewisse ›Treue‹ zum Betrieb«. Lasse deren Einsatz am Arbeitsplatz mit der Zeit nach, so wurde dies »auf das schlechte Vorbild einiger deutscher Arbeitnehmer zurückgeführt«. Auch bei der Vermittlung von Arbeitskräften erwies sich die Türkei als überdurchschnittlich flexibel. Denn nach der Anforderung durch die Unternehmen konnten sie »schon innerhalb von 14 Tagen [...] aus ihrer Heimat im Wormser Bahnhof anlangen«.[16]

Wer zu dieser Zeit mit einem ausländischen Kollegen im Baugewerbe, in der Chemie-, Holz-, Eisen- und Metallindustrie oder im verarbeitenden Gewerbe zusammenarbeitete, der musste feststellen: Sie machten in aller Regel die körperlich schwerste, am stärksten belastende, am meisten gesundheitsgefährdende und schmutzigste Arbeit. Viele ihrer in der Heimat absolvierten Ausbildungen oder Berufserfahrungen waren nicht anerkannt worden, also bewarben sie sich in Deutschland um Hilfsarbeiterstellen, die ihnen nicht nur hohe physische Leistungen und Anstrengungen abverlangten, sondern auch häufig miserabel bezahlt wurden. Von einer wirklichen Wahl des Arbeitsplatzes konnte keine Rede sein. Insofern verharmloste und verschleierte die scheinbare Erkenntnis des Leiters des Wormser Arbeitsamtes die tatsächlichen Verhältnisse, wenn er 1970 feststellte: »Verschiedene Nationen bevorzugen verschiedene Industriezweige«, um dann zu behaupten: »Griechen mögen Holz, Italiener Chemie und Kunststoffe, Spanier die Papierverarbeitung, und die Türken arbeiten am liebsten in der Metallindustrie.«[17]

Wesentlich nüchterner waren demgegenüber das Kalkül und das Anforderungsprofil der Unternehmen. Die mobilen ausländischen Arbeitskräfte dienten als Ausgleichsinstrument in der Hochkonjunktur. Das vorgeschriebene Höchstalter von 40 Jahren für qualifizierte und 30 Jahren für unqualifizierte Beschäftigte sowie 35 Jahren für Bergarbeiter versprach eine garan-

_14 *Wormser Zeitung* vom 18. Juni 1962.

_15 *Wormser Zeitung* vom 12. Oktober 1963.

_16 *Wormser Zeitung* vom 25. Februar 1964.

_17 Zit. nach *Wormser Zeitung* vom 14. März 1970.

»
Die Kenntnisse und Arbeitskraft von Gastarbeitern lassen nicht zwangsläufig Respekt und Toleranz entstehen.
«

tierte dauerhaft enorme Leistungsfähigkeit der Angeworbenen. Und dass »die Anzahl der Interessenten die Zahl der angebotenen Arbeitsplätze bei weitem übertraf, gab den deutschen Arbeitgebern und der Deutschen Verbindungsstelle in Istanbul die Möglichkeit, bei der Auswahl äußerst wählerisch vorzugehen.«[18] Deshalb waren 1963 auch in Worms über 90 Prozent der »Gastarbeiter/innen« noch nicht 45 Jahre alt, 13,4 Prozent sogar noch unter 21 Jahren.[19] Insofern verblüfft die Meldung der *Wormser Zeitung* vom 8. Juni 1965 nicht: »Von sechs gemeldeten offenen Stellen sind vier für ausländische Arbeitskräfte vorgesehen, die durch die Deutsche Kommission in der Türkei angeworben werden.«

Am »Schicksal« zahlreicher »Gastarbeiter/innen« lässt sich erkennen, dass selbst aus größtem Interesse von Wirtschaft wie Gesellschaft an der profitablen Nutzung ihrer Kenntnisse und Arbeitskraft nicht zwangsläufig auch Respekt und Toleranz, geschweige denn Hochachtung für diese Menschen »mitten unter uns« entstehen. Wer half den ausländischen Beschäftigten, ihre spezifischen Alltagsprobleme zu bewältigen? Das hätte mit mehr Verständnis für die unterschiedlichen Lebensgewohnheiten, Moralvorstellungen sowie religiösen Orientierungen beginnen und mit einer sofortigen systematischen beiderseitigen Schulung zur Überwindung der Sprachbarrieren nicht aufhören dürfen. Da sie sich möglicherweise ausschließlich auf einen befristeten Aufenthalt der »Gäste« in Deutschland fixierten, scheinen viele Unternehmen und staatliche Stellen solche »Zukunftsinvestitionen« als unnötig eingestuft zu haben.

Für die Mentalität und Motivation jener Zeit sei hier ein markantes, aber sicher nicht singuläres Beispiel ausgewählt: Am 12. Dezember 1962 äußerte die Bundesvereinigung der Deutschen Arbeitgeberverbände (BDA) ihre betriebswirtschaftlich begründete Bitte gegenüber dem Bundesministerium für Arbeit und Sozialordnung, den politischen und juristischen Weg frei zu machen, »eingearbeitete ausländische Arbeitnehmer, insbesondere, wenn diese selbst den entspre-

_18
Zur Geschichte der Arbeitsmigration aus der Türkei, a. a. O., Arbeitsblatt »Einige allgemeine Fakten«.

_19
Wormser Zeitung vom 19. April 1963.

chenden Wunsch äußern, über die Dauer von zwei Jahren hinaus« behalten zu können. Denn schließlich sei »die Hereinnahme und die Einarbeitung ausländischer Arbeitskräfte für die Betriebe mit erheblichen Unkosten verbunden.«[20] Die angesprochene Behörde verwies in ihrer Antwort an die BDA auf die für ein solches Begehren notwendige »Zustimmung des Bundesinnenministers«. Dieser meldete sich auch prompt mit der Belehrung, die Zwei-Jahres-Frist sei eingeführt worden, »um den vorübergehenden Charakter des Aufenthalts und der Beschäftigung zu betonen; insbesondere sollten der Nachzug der Familien und die damit im Zusammenhang stehenden Schwierigkeiten wie Unterbringung, Betreuung usw. vermieden werden.« Aus diesem Grund könne die zeitliche Begrenzung der Arbeitserlaubnis nur aufgehoben werden, »wenn der vorübergehende Charakter des Aufenthalts und die Unerwünschtheit des Familiennachzugs an anderer Stelle ausgedrückt wird.«[21]

Angesichts dieser offiziellen Abneigung gegen »Dauergäste« wird der Appell der *Wormser Zeitung* vom 19. April 1963 wahrscheinlich nur auf geringe spontane Resonanz gestoßen sein: »Wünschenswert wäre es, wenn deutsche Arbeitskollegen auch in der Freizeit sich der Gastarbeiter mehr annehmen würden.« Der Anwerbestopp für Arbeitskräfte außerhalb der Europäischen Gemeinschaft zehn Jahre später schien die Richtigkeit des reservierten Verhaltens gegenüber den nichtdeutschen Mitbürger/inne/n zu bestätigen. Allerdings konnten alle behördlichen Restriktionen und Berührungsängste der Bevölkerung nicht verhindern: Aus dem »Gastarbeitsverhältnis« war mit zunehmender Aufenthaltsdauer und den nachgeholten Familienangehörigen objektiv ein Einwanderungsprozess geworden, der mit den Jahren von einer immer größeren Anzahl von Ausländer/inne/n auch subjektiv als Einwanderung verstanden wurde.

Zu dieser begrüßenswerten persönlichen Einschätzung der Neubürger/innen: Wo ich arbeite, dort lebe und bleibe ich, hatten früher und bis heute neben den Wohlfahrtsverbänden vor allem die Gewerkschaften

_20
Abdruck des Schreibens vom 12. Dezember 1962 als Faksimile in: *Zur Geschichte der Arbeitsmigration aus der Türkei*, a. a. O., Arbeitsblatt »Wie geht man zum Arbeiten nach Deutschland?«, Seite 4.

_21
Ebd., Seite 5.

und die christlichen Kirchen wesentlich beigetragen. Sie beließen es nicht bei eher oberflächlichen Bemühungen wie beispielsweise des Westdeutschen Rundfunks, durch ein Preisausschreiben eine »treffendere Bezeichnung für die ausländischen Arbeitnehmer als ›Gastarbeiter‹«[22] zu finden. Für die Mitgliedsorganisationen im Deutschen Gewerkschaftsbund (DGB) wurde deren gezielte und kontinuierliche Einbindung in die betriebliche und tarif- wie gesellschaftspolitische Interessenvertretung zu einem deutlichen Zeichen der Zusammenarbeit. Die Industriegewerkschaft Metall gab unter seinem Chefredakteur Jakob Moneta ihre Zeitschrift *Metall* in mehreren Sprachen heraus.

Gleichzeitig organisierten sich die »Gastarbeiter/innen« selbst; in Worms beispielsweise im Türkischen Arbeitnehmerverein, der bis zu seiner aus ökonomischen Gründen erzwungenen Auflösung mit dem DGB über zehn Jahre lang sehr eng kooperierte. Auf der anderen Seite forderten staatliche Einschränkungen und fremdenfeindliche Ressentiments die Gewerkschaften zu einer stärkeren Parteinahme für die nichtdeutschen Beschäftigten heraus. So protestierte Karl Saulheimer vom DGB Kreis Worms-Alzey

_22
Wormser Zeitung vom 22. November 1970.

bereits im Frühjahr 1974 öffentlich dagegen, dass »Ausländer gerade noch am Rande des Gesetzesmöglichen nach Hause geschickt werden«. Saisonarbeitsverträge würden »nicht mehr verlängert – Jahresverträge unter Umständen – und bei Neueinstellungen bevorzugt man Deutsche.«[23] Mit Blick auf die langjährigen gemeinsamen Erfahrungen von Deutschen und Ausländer/inne/n in den Betrieben darf die Bedeutung der Feststellung des Wormser DGB-Kreisvorsitzenden Mitte der Achtzigerjahre nicht unterschätzt werden, »die Integration der ausländischen Mitbürger [sei] am besten in der Arbeitswelt gelungen.« Das belege auch »die erfolgreiche Mitarbeit ausländischer Kollegen in vielen betrieblichen und gewerkschaftlichen Organisationen.«[24] Daran hat sich bis jetzt im Kern nichts Wesentliches geändert.

Aus dem vielfältigen Engagement der Kirchen kann für Worms beispielhaft die Initiative der evangelischen Pfarrerin Dr. Erika Mohri im Frühjahr 2003 für einen Interkulturellen Runden Tisch hervorgehoben werden. Hier treffen sich seither als loser Zusammenschluss die Vertreter/innen

_23
Zit. nach *Wormser Zeitung* vom 9. April 1974.

_24
Zit. nach *Wormser Zeitung* vom 5. Juni 1985.

von Migrantenverbänden, Kirchen und Gemeinden anderer Sprache und Herkunft, um bestehende religiöse und kulturelle Schranken zu erkennen und schließlich gemeinsam zu überwinden. Selbstverständlich sollen auch die Bemühungen der politisch Verantwortlichen nicht unerwähnt bleiben. 1978 wurde vom Wormser Stadtrat erstmals ein 16-köpfiger Beirat für ausländische Mitbürger ernannt, in dem jedoch lediglich vier vom DGB und den freien Wohlfahrtsverbänden delegierte Ausländer – als Minderheit – vertreten waren. Trotzdem unterstrich der damalige SPD-Stadtrat Heiner Boegler, dieser Beirat sei »in erster Linie für Arbeitnehmer da«.[25] Erst zwölf Jahre später durften die nichtdeutschen Mitbürger/innen aus 74 Nationen in Worms ihren Ausländerbeirat selbst wählen. Doch steht ein echtes Wahlrecht der hier längst sesshaften Migrant/inn/en von außerhalb der Europäischen Union auf allen Ebenen noch aus.

Die derzeit in Worms mitten unter uns lebenden mehr als 9.000 Menschen nichtdeutscher Herkunft dürfen gespannt sein, was sich qualitativ Neues ergibt oder Herkömmliches verändert, wenn die rheinland-pfälzische Ministerin für Arbeit, Soziales, Gesundheit,

_25
Zit. nach *Wormser Zeitung* vom 9. Juni 1978.

_26
Zitiert nach: ARGUS *Aktuell, Journal des Ausländerbeirats und des Migrationsbüros der Stadt Mainz*, März 2007, Seite 1.

Familie und Frauen, Malu Dreyer, ihr Programm der Integration von Migrant/inn/en »in allen Lebensbereichen« auf der Basis von »Chancengleichheit und Partizipation« durchsetzen kann.[26] Die früheren Ausländer/inne/n mit heutiger deutscher Staatsbürgerschaft, aber auch die bislang aus verschiedenen nachvollziehbaren Gründen nicht »Einbürgerungswilligen« werden eine solche Politik nicht nur gutheißen, sondern aktiv unterstützen. Dabei sind sie so selbstbewusst, zu sagen, dass es nicht um Mitleid, Almosen oder unverbindliche Solidaritätserklärungen gehen kann. Die Migrant/inn/en brauchen Gleichstellung und Gleichbehandlung, was sich in einem humanen Niederlassungsrecht, in einem umfassenden Wahlrecht und in einem Recht niederschlagen sollte, dass die Dauer ihrer Tätigkeit und ihres Aufenthalts in Deutschland nicht von der wirtschaftlichen oder politischen Konjunktur im Land abhängt, sondern von ihnen selbst bestimmt werden darf. Dann kann aus dem tatsächlichen oder vermeintlichen »Schicksal« der hier zusammen lebenden Menschen ein demokratisches, tolerantes und solidarisches Miteinander werden.

» Migranten brauchen kein Mitleid, keine Almosen oder unverbindliche Solidaritätserklärungen. «

»Die Leute waren oft *richtig happy*, endlich anzukommen«

GESPRÄCH MIT **Walter Bens**
TEXT **Ulrike Schäfer**

Walter Bens erzählt, dass 1961 in Deutschland akuter Arbeitermangel geherrscht habe, vor allem als Folge des Zweiten Weltkrieges, aber auch, weil viele Deutsche keine anstrengenden und schmutzigen körperlichen Arbeiten mehr ausführen wollten. Wenn sie Bedarf hatten, erteilten die Firmen dem örtlichen Arbeitsamt einen Auftrag zur Vermittlung von Arbeitskräften. Wenn diese dann nicht innerhalb von vier Wochen aus dem Bestand der Arbeitslosen rekrutiert werden konnten, stellte der Arbeitgeber für die gewünschte Zahl von Arbeitern und Arbeiterinnen Blanko-Arbeitsverträge aus, in die nur noch die Namen und Daten der Arbeitnehmer eingetragen werden mussten. Die Verträge wurden über ein Jahr geschlossen. Natürlich mussten sie den gesetzlichen und tariflichen Bestimmungen entsprechen. Sie waren in Deutsch und Türkisch abgefasst. »Allerdings«, schränkt Walter Bens ein, »konnten in den Fünfzigerjahren ja viele Türken gar nicht lesen. Auf dem Land ging man nur fünf Jahre lang in die Schule, und während der Hitze- und Kälteperioden mussten die Kinder wegen der unerträglichen Temperaturen meistens zu Hause bleiben.«

Bevor der Auftrag akzeptiert wurde, mussten die Unterkünfte für die angeforderten Arbeitskräfte überprüft und für »menschenwürdig« befunden werden. »Als Azubi wurde ich 1961 öfter mal zu Unternehmen, insbesondere in die Spanplattenfabrik 3-K-Möbel geschickt, um diese Bewertung vorzunehmen. Für mich war der Umgang mit den Türken kein Problem. Es war uns damals nicht bewusst, dass sie Moslems waren, sie waren für mich nicht anders als die Griechen und Italiener, mit denen ich schon vorher Kontakt gehabt hatte«. Bens berichtet, dass die Türken auf dem Fabrikgelände in Baracken wohnten, in »aufgemöbelten« Hallen. In den Zimmern standen zwei bis drei Betten, ein Tisch, ein Kocher, es gab ein Waschbecken, aber kein Klo. »Duschen konnten sie sich wahrscheinlich in Gemeinschaftsräumen«, sagt Walter Bens. Ob nach der Prüfung durch uns nicht noch ein paar Betten in den Räumen zugestellt wurden, weiß ich natürlich nicht. Man hörte so manches. Immerhin gab es bei Kübel aber auch einen Betriebsrat, der sich um die Arbeiter kümmerte. Ich erinnere mich nicht, dass von dort Klagen kamen.«

Vor der Weitergabe der Arbeitsverträge musste der Arbeitgeber eine Anwerbegebühr bezahlen, z. B. im Jahr 1972 1.000 DM für türkische Arbeitskräfte und 60 DM für italienische. Der Unterschied ergab sich aus der Zugehörigkeit zur EWG. Von den Arbeitskräften durfte keine Gebühr verlangt werden, und es durfte auch nichts nachträglich vom Lohn einbehalten werden. Der Auftrag und die Arbeitsverträge wurden auf dem Postweg über die Zentrale in Nürnberg an die Anwerbekommissionen in Istanbul, Izmir und Ankara versandt. Die wiederum setzten sich mit den örtlichen Kommunalbehörden in Verbindung und vereinbarten Präsenztage, auf die per Aushang oder Megaphon aufmerksam gemacht wurde.

Wer sich interessierte, musste häufig große Strecken zurücklegen, um sich der Kommission vorzustellen. In den Sechzigerjahren war die Infrastruktur in der Osttürkei nur wenig erschlossen. Tagelange Märsche waren nicht außergewöhnlich. Wenn die Beratung beim Arbeitsvermittler positiv verlief, erfolgte die Vorstellung beim Arzt – meist nach erneuter Warte-

Walter Bens

war ab 1959 bis zur Pensionierung in der Arbeitsverwaltung beschäftigt. Seine Ausbildung absolvierte er in Worms. Ab 1964 war er in Mainz, später in Neustadt und Ludwigshafen tätig. Nach siebzehn Jahren operativer Arbeit als Arbeitsvermittler, Berater und Sachbearbeiter nahm er ab 1976 eine Lehrtätigkeit als Dozent in den Bereichen Arbeitsvermittlung und Beratung an. Sein Schwerpunkt lag in den letzten zwanzig Jahren beim Thema »Ausländer in Deutschland«. Seit 2009 ist er im Ruhestand, ist aber immer noch zum Thema »Interkulturelle Arbeit« für die Qualifizierung der Fallmanager (DGCC) deutschlandweit als Seminarleiter tätig.

»
Einen Arbeitsvertrag erhielt, wer geeignet und gesund war.
«

zeit. Einen Arbeitsvertrag erhielt, wer geeignet und gesund war. Beworben haben sich überwiegend junge Männer, die mit dem Lohn aus Deutschland ihre Familien (Eltern, Ehefrau, Kinder und Geschwister) finanziell unterstützen wollten. Walter Bens hörte von einem jungen Mitarbeiter einer Arbeitsagentur, dass dessen Opa aus Izmir seinen kräftigeren Bruder zum Arzt schickte und dann mit dessen Attest nach Deutschland fuhr. Die Überprüfung war oft aufgrund unzureichender Dokumente schwierig. Der erwähnte Mann hat übrigens 25 Jahre lang problemlos in Deutschland gearbeitet. Weil die deutschen Firmen natürlich auch keine schwangeren Frauen einstellen wollten, gab es auch einen schwunghaften Urinhandel vor den Untersuchungen.

Wenn die Untersuchungen abgeschlossen waren, wurden die Arbeitsverträge unterschrieben und die angeworbenen Personen in Sammeltransporten nach Istanbul gebracht. Das konnte wieder mehrere Tage dauern. In Sonderzügen fuhren sie dann nach München weiter.

Während seiner Neustädter Zeit (1967–1969) erhielt Walter Bens öfter Anrufe aus der Zentrale in Saarbrücken, dass er Züge mit in Deutschland ankommenden türkischen Gastarbeitern zu ihrem Bestimmungsort begleiten müsse. »Die Leute hatten immer schon eine längere Reise von vier bis sechs Tagen durch den ganzen Balkan hinter sich. Da der Balkan in den Siebzigerjahren zum sowjetischen Machtbereich gehörte, wurden die Sonderzüge immer nur dann bewegt, wenn keine regulären Züge in den einzelnen Ländern Vorfahrt hatten. An jeder Grenze wurden die Menschen von Zöllnern kontrolliert, je nach Lust und Laune mehr oder weniger aufwendig.«

Wenn der Zug in Österreich ankam, konnte die deutsche Arbeitsverwaltung erstmals benachrichtigt werden und dann gemeinsam mit der Bundesbahn den Weitertransport ab München und die Übergabe an den einzelnen Bestimmungsorten organisieren.

»In München wurden die Leute dann von uns in Empfang genommen und erst einmal in den Atombunker

Organisation und Verfahren der Anwerbung

Die erste Anwerbevereinbarung wurde 1956 mit Italien geschlossen. 1960 folgten Griechenland und Spanien. Durch den Bau der Mauer zwischen den beiden deutschen Staaten ab 13. August 1961 versiegte die Zuwanderung bestens ausgebildeter Facharbeiter und Akademiker aus der DDR – bis dahin etwa 3,8 Millionen Arbeitnehmer. Die Folge war ein weiterer Bedarf an Arbeitskräften aus dem Ausland. Die Möglichkeit z. B. aus Jugoslawien war durch die Zugehehörigkeit zum so genannten »Ostblock« zunächst nicht möglich, so dass im Oktober 1961 eine Anwerbevereinbarung mit der Türkei abgeschlossen wurde. Es folgten noch Marokko im Jahr 1963, Portugal 1964 und Jugoslawien 1968. In den Jahren 1956 bis 1973 wurden insgesamt rd. 2,4 Mio. Arbeitskräfte angeworben. Aus der Türkei waren es 740.000.
Walter Bens

unterm Bahnhof, wo es Heizung, Toiletten und Licht gab, gebracht«, erzählt Walter Bens. »Dabei wurde darauf geachtet, dass verschiedene ethnische Gruppen, z.B. Serben und Kroaten, räumlich getrennt wurden. Damit eine Ordnung möglich war, hatten die Leute ihren Arbeitsvertrag in einem Umschlag, auf dem die Postleitzahl des Bestimmungsortes aufgestempelt war. Die Abteile der Sonderzüge waren ebenfalls nach Postleitzahlen gekennzeichnet, so dass die Menschen entsprechend untergebracht und von der Begleitperson auch an den jeweiligen Bahnhöfen aufgerufen werden konnten. Wir hatten entsprechende Listen und achteten an den Haltestellen darauf, dass genau so viele Menschen ausstiegen, wie angegeben waren. Manchmal klappte das nicht so ganz. Bei Fehlvermittlungen mussten die Betroffenen auf Kosten der Arbeitsverwaltung zurückgeführt werden«, erinnert sich Bens. »Wir unterhielten uns während der Fahrt radebrechend, meist verständigten wir uns durch Zeichen, aber das funktionierte ganz gut. Die Leute waren freudig erregt, oft richtig happy, endlich anzukommen, und sie fragten immer, ob die Mädchen dort schön sind, wo sie aussteigen mussten.«

»Die Leute brachten oft eine Reise von mehreren Tagen hinter sich.«

Die Unterkünfte der Arbeitskräfte wurden im Verlauf der Beschäftigung in unregelmäßigen Abständen überprüft, schiebt Walter Bens nach. Um den Spracherwerb seiner »Gäste« habe sich der Staat allerdings nicht gekümmert. Da Deutschland bis 2005 kein Einwanderungsland war, gab es keine geförderten Sprachlehrgänge. Vereinzelt boten die Kirchen, Caritas und Diakonie, Deutschkurse an.

Die Türken seien völlig unauffällig gewesen, erinnert sich Walter Bens. »Das wurde erst Anfang der Siebziger anders, als nach dem sogenannte Anwerbestopp viele von ihnen erstmals arbeitslos wurden. Die meisten wussten erst mal gar nicht, dass sie Anspruch auf Arbeitslosengeld hatten. Als sie das mitbekamen, durchs Radio oder durch die Zeitung *Hürriyet*, die es ja immer in Deutschland gab, sind viele nicht mehr in die Türkei zurückgegangen.«

1972 kam es zum Anwerbestopp. Da damit allerdings nicht das gewünschte Ergebnis erzielt wurde, bot man

»
Viele Rückkehrer wurden von Ihren Landsleuten als ›alamanchis‹ abgelehnt.
«

den Menschen Geld an für den Fall, dass sie zurückgingen. Da kam manchmal ein hübsches Sümmchen zusammen, und manche konnten in der Türkei dann richtig durchstarten. Walter Bens erzählt von einem Mann, der dreizehn Jahre in Mannheim als Schweißer arbeitete und sich nach der Rückkehr von seinem ersparten Geld und der Rückkehrprämie in einem Touristenort vier kleine Häuser kaufen konnte. Er lebte von der Vermietung an Touristen und als Mitarbeiter der Ortsverwaltung, für die er die Schweißarbeiten überwachte. Die Rückkehrer wurden aber auch häufig von ihren Landsleuten als »alamanchis« abgelehnt.

Sehnsucht nach der alten **Heimat**

GESPRÄCH MIT **Tahsin Kınalibaş**
TEXT **Ulrike Schäfer**

Tahsin Kınalibaş, nach eigenem Bekunden der bekannteste Wormser Türke, gehört nicht zu denen, die von Anfang an hier lebten. Er landete vielmehr am 17. September 1962 in Frankfurt. 24 Jahre jung, verheiratet, ein Kind. Keine finanzielle Not hatte ihn hierher geführt, nicht der Traum vom guten Geld, sondern eher so etwas wie Abenteuerlust. In seiner Heimat Eskişehir, einer Stadt südlich von Bursa, hatte er nämlich als Schweißer ein gutes Auskommen. »Das amerikanische Unternehmen Chicago Bridge, für das wir in der Türkei arbeiteten, hatte uns der Firma Mannesmann empfohlen, die händeringend Schweißer für den Rohrleitungsbau suchten«, erzählt er in flüssigem Deutsch.

Als er nach Deutschland kam, arbeitete Tahsin Kınalibaş zunächst im Rohrleitungsbau.

Auf dem Bahnhof.

Das eigene Auto.

Bevor Tahsin Kınalibaş nach Worms zog, lebte er in Bürstadt.

Er musste auch nicht, wie das Gros der übrigen türkischen Gastarbeiter, eine lange strapaziöse Zugreise auf sich nehmen. Er kam per Flugzeug an. Die Baustelle in Raunheim war allerdings dann doch eine Ernüchterung für den jungen Mann. Es wurden ihm Arbeiten übertragen, die er zu Hause mit Hilfe von zwei Handlangern erledigt hatte. »Da wäre ich am liebsten gleich wieder heimgefahren, aber«, fügt er schmunzelnd hinzu, »es gab damals diese schicken Nylonhemden, die wollte ich so gerne für meine Familie und Freunde mit in die Türkei nehmen. Deshalb habe ich durchgehalten.« Später gewöhnte er sich an den deutschen Arbeitsstil. »Nein, wir wurden nicht ausgebeutet«, sagt er. »Unsere deutschen Kollegen mussten das Gleiche leisten wie wir und bekamen das gleiche Geld.« Kaum mehr als in der Türkei übrigens. »Zwischen 580 und 620 Euro netto«, erinnert er sich. Eigentlich hatte er einiges davon nach Hause schicken wollen, aber, gesteht er verschmitzt, »wir waren jung, das Geld war am Monatsende weg.« Das wurde erst besser, als er später Frau und Sohn nach Deutschland holte.

Zunächst war er mit den anderen Türken in einem Wohnheim in der Oskar-Sommer-Straße in Frankfurt untergebracht, ein Jahr später wurden in Rödelheim neue Baracken gebaut. »Damals kamen rund 260 Leute aus der Türkei. Wir schliefen zu sechst in einem Zimmer und kochten uns selbst.« Gemeinsam finanzierten sie einen Studenten, der ihnen Deutsch beibrachte. »Es war ein sehr gutes Lehrbuch«, erinnert er sich. Es war die Grundlage für seine guten Sprachkenntnisse.

Als das Projekt in Frankfurt fertig war, wechselte Kınalibaş von Mannesmann zur Essener Rohrleitungsbau, die Fernwärmeleitungen baute auf der Friesenheimer Insel, später verschlug es ihn nach Köln-Neurath. Dort stürzte er auf einer Baustelle siebzehn Meter in die Tiefe auf eine Betondecke. Er hatte einen Becken-, einen Schädelbasisbruch und eine gebrochene Hand. 51 Tage lang lag er im Krankenhaus. Bis heute hat die Hand nicht wieder ihre ursprüngliche Beweglichkeit erlangt. »Ich hatte danach eine Scheu, wieder auf den

Bau zu gehen«, erzählt Kınalibaş. Deshalb sattelte er um und legte in Darmstadt seine Prüfung als Lebensmitteleinzelhandelskaufmann ab; die notwendigen Voraussetzungen hatte er sich selbst aus Büchern beigebracht.

Sein erstes Geschäft eröffnete er dann 1972 in der Nibelungenstadt. Worms hatte er sich ausgeguckt, »weil es hier die meisten Türken gab«. Er übernahm zunächst das Lebensmittelgeschäft von Elisabeth Becker in der Friedrichstraße/Ecke Judengasse. Es wurde das erste größere türkische Geschäft in Worms.

Als das Haus 1973 abgerissen wurde und Neubauten Platz machte, zog er in den ehemaligen Nutzkauf, Rheinstraße 9, um. 1979 war er dann allerdings »pleite«. »Ich war einfach kein guter Geschäftsmann«, gesteht er. Eine Zeitlang ging er wieder für eine Leiharbeitsfirma auf Montage, dann machte er in den Arkaden der Gaustraße einen Dönerladen auf. Auch hier war er ein Vorreiter. »Auf Dauer hat meine Familie das aber nicht mitgemacht. Es ist die härteste Arbeit, die man sich überhaupt vorstellen kann«, sagt Kınalibaş. »Damals musste man noch die Tiere vollständig zerteilen, die Sehnen entfernen, aufstecken. Man muss ständig auf den Beinen sein.«

Seit einigen Jahren ist der Vater dreier Kinder nun in Rente, aber so ganz glücklich ist er nicht damit. Er kann so viel und er würde gern noch etwas tun, gebraucht werden. Warum wollten er und seine Frau nicht wieder in die Türkei zurück? »Wir haben schon immer Sehnsucht nach der alten Heimat«, gibt Kınalibaş zu, »manchmal bleiben wir sechs Monate dort, aber dann habe ich die Nase wieder voll! Das Leben dort ist anders geworden, es ist, als hätte man den Zug verpasst. Wir sind weder hier noch dort so richtig zuhause.«

Tahsin Kınalibaş hat heute noch das Foto von dem Geschäftshaus in der Friedrichstraße, in dem sein erstes Lebensmittelgeschäft war.

Tahsin Kınalibaş ist in Worms geblieben, obwohl er oft Sehnsucht nach der Türkei hat.

»Von **Diskriminierung** war nichts zu spüren«

INTERVIEW MIT **Ali Haydar Demir**
PROTOKOLL **Berthold Röth · Abu Şehmuz Demir**

Ali Haydar Demir

wurde 1940 geboren und lebte im türkischen Gaziantep, bevor er mit 23 Jahren als »Gastarbeiter« nach Worms ging. Erst vier Jahre später konnte er seine Frau nach Deutschland nachholen und hier ein normales Leben beginnen.

Weshalb sind Sie nach Deutschland gekommen?

ALI HAYDAR DEMIR: Die wirtschaftliche Lage in der Türkei war Anfang der Sechzigerjahre sehr schlecht. Arbeit gab es nicht und damit auch keine Möglichkeit, den Lebensunterhalt zu verdienen. Deshalb meldete ich mich 1963 bei unserem türkischen Arbeitsamt und bewarb mich als Arbeiter in Deutschland.

Wie lange dauerte es mit der Vermittlung?

AHD: Es wäre eigentlich ziemlich schnell gegangen. Aber die erste angebotene Arbeitsstelle war in einem Bergwerk des Ruhrgebiets. Der Arbeitsberater warnte mich davor, weil die Arbeitsbedingungen unter Tage sehr hart und schlecht seien. Also wartete ich auf eine andere Gelegenheit, die sich mir nach etwa einem halben Jahr bot und wodurch ich nach Deutschland kam.

Wie sah Ihre erste Arbeitsstelle aus?

AHD: Ich arbeitete in einem Recycling-Unternehmen, wie es heute heißt. Damals sagten die Wormser »Schrottfirma« zu Braun. Dort ging es um die Verwertung von Schrott für das Wiedereinspeisen der Rohstoffe in die industrielle Produktion. Das beschäftigte mich viereinhalb Jahre, dann wurde Braun verkauft.

Und wie kamen Sie als »Gastarbeiter« in Worms an?

AHD: Als ich und andere Kollegen aus der Türkei hier in Worms eintrafen, sprachen wir kein Wort Deutsch. Wir sollten für die anwerbenden Unternehmen wohl gut und billig arbeiten, uns aber hier nicht heimisch machen. Also wurden wir auf das fremde Land auch nicht vorbereitet. Allerdings fanden wir in Worms einige Landsleute, die als Studenten hier lebten. Sie halfen uns, alle anfallenden Behördengänge zu erledigen.

Fühlten Sie sich hier deshalb isoliert?

AHD: Keinesfalls. Wir fühlten uns bei Braun nicht als »Ausländer«. Die Kollegen behandelten mich wie einen der Ihren. Von Diskriminierung war nichts zu spüren, und ich entwickelte gute Beziehungen zu meinen deutschen Arbeitskollegen.

Ali Demir bei der Geburt seines Kindes.

Können Sie uns einen der ersten Eindrücke in Worms schildern?

AHD: Mein Freund und ich gingen zum Beispiel einmal in eine Bäckerei oder ein Lebensmittelgeschäft, weil er Appetit auf Fisch hatte. Er versuchte, den Verkäuferinnen mit den Händen zu beschreiben, was er wollte, und machte wellenartige Bewegungen. Doch wir wurden ausgelacht. Erst 1970 wurde der erste türkische Laden in der Mainzer Straße eröffnet. Das war dann für uns wie ein Stück Zuhause.

Sie erlebten hier die erste Wirtschaftskrise nach dem Krieg.

AHD: Ja, ganz unmittelbar. 1967 wurde Braun verkauft und ich entlassen. Arbeit war zu dieser Zeit auch in Worms knapp, sodass ich erst einmal für einige Zeit in meine Heimat auf »Urlaub« ging. Als ich zurückkam, hatte meine alte Firma für mich eine neue Arbeitsstelle bei Frigolit, einem Unternehmen der Kunststoffbranche, gefunden. Zwei Wochen später fing ich dort an.

Ali Demir mit seiner Familie.

Für Sie war die Rückkehr 1967 aber auch ein gewisser Neuanfang.

AHD: Klar, denn meine Frau konnte im gleichen Jahr zu mir nach Worms ziehen. Wir hätten auch schon früher hier zusammenleben können, da hätten uns die deutschen Behörden keine Hindernisse in den Weg gelegt. Aber ich wollte erst sehen, ob ich in Deutschland in der Lage sein würde, meine Familie hierher zu holen.

Wie sah es denn mit Kontakten zu anderen türkischen Arbeitern aus?

AHD: Wenn ich mich recht erinnere, dann waren wir die erste Gruppe türkischer Migranten, die nach Worms kamen. Insgesamt waren wir zu acht. Sieben gingen aber aufgrund der hiesigen Arbeitsbedingungen wieder zurück in die Türkei. Ich blieb als Einziger in Worms zurück. Doch wurde 1974 der erste Türkische Arbeiterverein der Stadt gegründet und dadurch für alle Neuankömmlinge wie für uns »Alteingesessenen« der Kontakt zu Landsleuten einfacher.

Wie haben Sie gewohnt und gelebt?

AHD: Anfangs war ich in einer Firmenwohnung untergebracht. Dies war vielleicht nur fürs Erste gedacht, doch blieb ich die ganzen vier Jahre bei Braun in dieser Wohnung. Sie war auch viel günstiger als eine private Wohnung. Denn wir mussten hier keine Miete zahlen. Dafür nahmen wir die räumliche Enge mit allen acht türkischen Kollegen in Kauf. Als die anderen wieder zurückgingen, hatte ich natürlich wesentlich mehr Platz zum Leben.

Wollten Sie keine private Wohnung mieten oder gab es vielleicht Vorbehalte deutscher Vermieter gegen Sie als »Ausländer«?

AHD: Wenn wir gewollt hätten, dann wäre sicher auch eine Wohnung zu finden gewesen. Als ich 1967 meine erste eigene Wohnung in der Wormser Maximilianstraße mietete, waren die deutschen Mitbewohner freundlich und hilfsbereit – von Ausgrenzung also keine Spur.

Und auch kein mehr oder weniger isoliertes Wohnen?

AHD: Nein, meine Frau und ich entwickelten und pflegten gute Beziehungen zu den deutschen Familien. Wir besuchten uns gegenseitig. Selbstverständlich gab es auch mal Spannungen, die aber nicht von der Nationalität der Menschen geprägt war. Doch nutzten manche Landsleute die freundschaftlichen Beziehungen zu Deutschen dazu aus, sich an die Frauen »heranzumachen«. Solches Verhalten wurde trotz vieler kultureller Unterschiede beider Völker weder hier noch in der Türkei gerne gesehen.

Wie einflussreich ist der Islam bei der Verfestigung dieser kulturellen Unterschiede, und bremst er dadurch die Integration?

AHD: Der Islam als Religion ist nicht das Problem, wohl eher der negative Einfluss bestimmter Islamisten auf die Gläubigen. Aber in der Türkei gibt es auch fortschrittliche Menschen, wie beispielsweise die Aleviten, denen ich angehöre. Wir besuchen nicht die Moscheen, sondern haben unsere eigenen Gebetsorte. Aber weder hier noch dort wäre es richtig, alle »über einen Kamm zu scheren«, wie es in Deutschland heißt. Die Menschen sind kulturell unterschiedlich geprägt, aber was sie machen, wie sie leben und sich verhalten, dafür sind sie auch selbst verantwortlich. Wie »fremd« jemand bleiben und wie »heimisch« einer werden will, das entscheidet zwar auch, aber nicht nur die »vorgefundene« Umwelt.

Sie leben seit Jahrzehnten in Deutschland. Wie stark ist Ihr Wunsch, die deutsche Staatsbürgerschaft anzunehmen oder Türke zu bleiben?

»Der Islam als Religion ist nicht das Problem, wohl eher der negative Einfluss bestimmter Islamisten auf die Gläubigen.«

»

Als Türke im Ausland habe ich in der ganzen Zeit nur einmal in meiner Heimat gewählt.

«

AHD: Ich habe bisher noch keinen Antrag auf deutsche Staatsbürgerschaft gestellt. Allerdings stört mich, dass wir Migranten hierzulande bisher kein wirkliches Wahlrecht besitzen, obwohl wir hier leben und arbeiten. Als Türke im Ausland habe ich in der ganzen Zeit auch nur einmal in meiner Heimat gewählt. Diese Seite meines Lebens als Staatsbürger ist also weder in der Türkei noch in Deutschland weit entwickelt.

Welche Chancen auf Veränderung für das Leben hier und dort sehen Sie in der Aufnahme der Türkei in die Europäische Union?

AHD: Ich wäre mit dem Beitritt der Türkei zur EU einverstanden. Das würde sicher zu einem besseren Verständnis der letztlich gemeinsamen Interessen deutscher und nichtdeutscher Bürger an einem friedlichen und solidarischen Miteinander beitragen, so wie wir es in den ersten Jahren auch am Arbeitsplatz erlebten, als das Leben der Menschen noch nicht durch die Angst vor Arbeitslosigkeit und Fremdenfeindlichkeit bestimmt wurde.

Sie denken also heute nicht mehr daran, in die Türkei zurückzukehren?

AHD: Nach so vielen Jahrzehnten? Eher nicht. Denn hier leben unsere Kinder und Enkel, also unsere ganze Familie. Wenn meine Frau und ich einmal sterben, werden wir in der Türkei bestattet. Aber unser Leben ist inzwischen mehr hier als dort verwurzelt.

»Deutschland hat mir *Brot* gegeben«

INTERVIEW MIT **Bilge Süzer**
PROTOKOLL **Berthold Röth · Abu Şehmuz Demir**

Sie haben die Türkei nur wenige Monate nach Ihrem Mann verlassen. Warum?

BILGE SÜZER: Ich kam am 17. Juli 1964 von Istanbul nach Deutschland. Unsere Familie ist gebildet und uns lag daran, dass unsere Kinder weitere Sprachen lernen sollten. Finanziell war es uns aber nicht möglich, die Kinder in der Türkei auf eine Privatschule zu schicken. Ich dachte, sie könnten in Deutschland eine weitere Sprache erlernen, weil der Sprachunterricht in der Türkei für uns damals zu teuer gewesen wäre. Mein Mann war bereits kurz vor mir am 4. Januar 1964 zum Arbeiten nach Deutschland gekommen. Ein halbes Jahr später waren wir dann die erste türkische Familie mit zwei Kindern in Worms. Mein Mann hatte zuvor über seine Firma ein Zimmer mit Küche angemietet. Auch eine Toilette stand uns zur Verfügung, aber es gab kein Bad. Wir mussten also in der Küche baden. Nach meiner ersten Nacht in Deutschland habe ich fürchterlich geweint, als mir der Arbeitgeber mitteilte, ich müsse die Personaltoiletten putzen. Diese Arbeit habe ich gemacht, aber ich vergesse das nie mehr.

Bilge Süzer als Schwesternschülerin.

Arbeit auf dem Bau: Ishan Süzer ist der Zweite von links (weißes Hemd).

Wie sah es anfangs mit Arbeit für Sie aus?

BS: Die ersten eineinhalb Jahre in Deutschland habe ich gar nicht gearbeitet. Denn für eine richtige Arbeitserlaubnis musste ich noch einmal zurück in die Türkei

Die junge Familie in der Türkei: Ishan, Bilge, Ajlan und Kayhan Süzer.

Spaziergang am Rhein mit Besuch.

zum dortigen deutschen Konsulat reisen. Anschließend arbeitete ich einige Monate bei Salamander. Als dort im Sommer nur zwei Wochen Betriebsferien angeordnet wurden, fragte ich den Meister, ob ich etwas längeren Urlaub bekommen könnte, um in die Türkei fahren zu können. Von anderen Kolleginnen wusste ich, dass ihnen vier bis fünf Wochen Urlaub genehmigt worden waren. Auf meine bloße Frage hin warf mich der Meister fristlos aus der Firma. Darüber habe ich viel geweint, aber ich hatte auch dadurch meinen Urlaub. Allerdings war ich nun arbeitslos und erhielt auch kein Arbeitslosengeld.

Trotzdem fanden Sie später eine Arbeit, die sie lange und gerne machten ...

BS: Ja, ich arbeitete 29 Jahre im Stadtkrankenhaus als Nachtschwester. In der Türkei hatte ich bereits eine Ausbildung als Krankenschwester abgeschlossen. Dennoch bekam ich diese Stelle 1966 eher zufällig. Meine Kinder hatten Probleme mit den Augen und ich musste mit ihnen zum Augenarzt, wo ich eine türkische Ärztin traf. Das freute mich sehr, denn ich hatte niemanden mit, der hätte übersetzen können, weil ich immer noch kein richtiges Deutsch sprechen konnte. Die Ärztin fragte mich, in welchem Beruf ich in der Türkei gearbeitet hätte. Als ich ihr sagte, ich sei Krankenschwester, hat sie mich mit ins Krankenhaus genommen, um mit der dortigen Oberin zu sprechen. Diese war sehr nett und bestellte mich noch am gleichen Abend zur Arbeit; sie bat mich nur darum, nicht in Hosen zu erscheinen. Ich arbeitete fortan auf der Kinderstation. Das war lange eine schwere Zeit für mich, weil mir die deutschen Sprachkenntnisse fehlten, aber ich blieb die ganzen 29 Jahre lang auf dieser Station.

Wie kamen Sie als »Fremde« mit den deutschen Kolleginnen aus – und sie mit Ihnen?

BS: Anfangs war der Kontakt zu den Kolleginnen nicht gut. Eine hatte immer besonders schlechte Laune. Ich vermute, es lag an meinem schlechten Deutsch, weshalb ich nur wenig verstand, sodass sie viel Arbeit mit mir hatte. Demgegenüber war die Oberschwester der Station sehr nett. Da ich auch Raucherin war, lud sie mich nachts zum Rauchen in ihr Zimmer ein. Bestimmt waren die anderen Kolleginnen eifersüchtig und fingen deshalb mit mir Streit an. Trotzdem blieb ich immer nett zu ihnen. So ging es mir mit fast allen deutschen Kolleginnen. Eine werde ich nie vergessen. Mit ihr hatte ich mich von Anfang an gut verstanden.

Eines Tages meinte sie: »Bilge, du bist doch Türkin. Warum wohnst du immer noch in Deutschland? Warum gehst du nicht in deine Heimat zurück?« Ich antwortete, dass ich doch hier arbeite, und ich sei mit meiner Arbeit zufrieden. Warum sollte ich also wieder weggehen? Darauf meinte sie, wir Türken hätten nun genug getan, Deutschland sei jetzt gut aufgebaut und es bräuchte keine Arbeiter aus dem Ausland mehr. Sie fände, dass alle Ausländer auch wieder raus sollten. Ich war sprachlos und antwortete darauf: »Du bist ein Mensch wie ich. Du hast zwei Hände, ich habe auch zwei Hände. Ich arbeite hier und mir ist es gleich, ob es deutsche oder türkische Kinder sind. Ich arbeite, um Kindern zu helfen und benachteilige nicht die deutschen Kinder gegenüber den türkischen. Ich bevorzuge die türkischen Kindern auch nicht.« Danach war dies kein Thema mehr zwischen uns.

Schnee in der Türkei: Bilge Süzer mit Ajlan und Kayhan.

Fühlen Sie sich immer noch fremd in Deutschland?

BS: Nein, mittlerweile bin ich in Rente und im Allgemeinen sehr zufrieden mit allen Mitmenschen. Ich kam mit 27 Jahren nach Deutschland und nun bin ich 74 Jahre alt. 1967 hatte ich mal mit der Ausländerbehörde zu tun. Mein Mann hatte Ärger mit der Firma. Deshalb wollte mein Mann in die Türkei zurück und wir sind auch mit der ganzen Familie zurückgegangen, aber schon nach kurzer Zeit waren wir alle wieder in Deutschland. Ich weiß nicht, welches Land mir besser gefällt, ich bin sowohl mit Deutschland wie mit der Türkei zufrieden. Zwar habe ich in der Türkei viel

Ajlan kommt in die Schule.

Abschied von Oma und Tante auf dem Bahnhof in Istanbul: Kayhan und Bilge (links).

mehr Bekannte, aber hier leben meine Kinder. Jedes Jahr mache ich aber zwei Monate Urlaub in der Türkei. Mehr möchte ich nicht, weil ich nicht will, dass sich unsere Familie auseinanderlebt. Auch verstehe ich mich sehr gut mit meiner deutschen Schwiegertochter, mit der mein Sohn seit zwanzig Jahren verheiratet ist. Ich werde nicht mehr in die Türkei zurückkehren, weil meine Kinder hier aufgewachsen und Deutsche geworden sind. Warum sollte ich zurückgehen? Ich selbst habe inzwischen ebenfalls die deutsche Staatsangehörigkeit. Für mich gab es nie Schwierigkeiten im Zusammenleben mit den Deutschen. Mein Mann war schwer krank und starb in Heidelberg; jetzt liegt er auf dem deutschen Friedhof neben Deutschen begraben. Das war sein letzter Wille, als er sagte: »Dort, wo ich mein Brot verdient habe, da soll ich auch liegen. Die Türkei hat mich hungern lassen, Deutschland hat mir Brot gegeben.«

Die Familie (hier mit Tante [r.] vor dem Siegfriedbrunnen) hat in Worms eine Heimat gefunden.

Sie leben und arbeiteten hier, aber Sie engagierten sich auch in Worms …

BS: Ja, für etwa zwölf Jahre war ich Leiterin der Ataspor-Frauen [ein türkischer Fußballverein in Worms]. Aufgrund dieser Aufgabe hatte ich in unserem Mietshaus ganz oben ein eigenes Zimmer erhalten, um dort Schreib- und Lesekurse, aber auch Näh- und Kochkurse anbieten zu können. Dies geschah in Zusammenarbeit mit der Wormser Ausländerbehörde. Dabei gab es niemals Ärger, die Deutschen haben mir immer geholfen. In dieser Zeit als Frauenleiterin kam ich mit vielen türkischen Frauen in Kontakt, die zuhause eingesperrt lebten und nicht nach draußen durften. Ich versuchte immer, sie zu Kontakt zu Deutschen zu ermuntern. Manchmal kamen deswegen auch Deut¬sche zur Frauengruppe. Dann haben wir zusammen gegessen, getrunken und geredet. Wenn einige Türkinnen Probleme hatten, ging ich zu ihnen und habe geholfen. Aber dass sie Probleme mit Deutschen hatten, habe ich nie verstanden.

»Meine Kinder haben es *weit* gebracht«

INTERVIEW MIT **Duran Yildirim**
PROTOKOLL **Ulrike Schäfer**

Wann sind Sie nach Deutschland gekommen und warum?

DURAN YILDIRIM: Ich bin am 14. April 1970 das erste Mal nach Deutschland gekommen, weil ich dort arbeiten wollte. Ich hatte mich mit einigen Bekannten unterhalten, die schon in Deutschland arbeiteten, deswegen kam ich auf die Idee, mich auch zu bewerben. Ich war damals dreißig Jahre alt.

Was haben Sie vorher in der Türkei gemacht?

DY: Ich habe in der Landwirtschaft gearbeitet. Meine Familie hatte Tiere und Felder. Etwas anderes hatte ich nicht gelernt.

Wo haben Sie in der Türkei gewohnt? Ist es schön dort?

DY: Ich komme aus der türkischen Provinz Sivas. Das Dorf, in dem ich gewohnt habe, heißt Sizir und gehört dem Landkreis Gemerek an. Sizir ist ein wunderbarer Ort. Es gibt Berge, die mit Grün bedeckt sind, und einen zauberhaften Wasserfall, der die Attraktion unserer Kleinstadt ist. Jeder kennt jeden. Die Leute dort sind sehr hilfsbereit und sehr warmherzig.

Wen haben Sie zurückgelassen, Frau und Kinder? Eltern und Geschwister?

DY: Ich habe meine Frau Sermin, meine beiden Kinder und meine ganze Verwandtschaft zurückgelassen.

Das Foto ist in Frankfurt entstanden, als Duran Yildirim noch dort arbeitete.

Duran Yildirims Zimmer. Radio, Fernsehen und viele Erinnerungen an die Heimat.

Duran Yildirim auf dem Kübel-Parkplatz in Worms, wo er arbeitete und in den Wohnheimen wohnte. Stolz präsentiert er sein Auto.

Wie haben sie sich Deutschland vorgestellt? Welche Erwartungen hatten Sie an die Arbeit, an die Wohnung, an das Wetter, an die Menschen?

DY: Ehrlich gesagt hatte ich mir nicht viele Gedanken darum gemacht, wie es in Deutschland aussehen könnte. Vom Wetter war ich aber sehr enttäuscht, ich dachte, es wäre genauso schön wie bei uns.

Die Menschen habe ich mir nett vorgestellt, weil ich schon davor mit Deutschen Kontakt hatte. In Sizir wurde ein Elektrizitätsversorgungsunternehmen zusammen mit deutschen und türkischen Ingenieuren gebaut.

Wo waren Sie nach Ihrer Ankunft untergebracht? Wie war die Arbeit? Wie haben Sie sich gefühlt?

DY: Ich wurde nach meiner Ankunft in eine Baracke gebracht und musste mir ein Zimmer mit anderen teilen. Von der Unterkunft aus war es ein langer Weg zur Arbeit, wir mussten mit einer Straßenbahn fahren. Ich arbeitete in einem Hotel in Frankfurt und musste in der Küche Geschirr spülen. Das passte mir gar nicht, weil ich harte Arbeit aus der Heimat gewohnt war. Ich fragte mich, ob es wohl das Richtige gewesen war, die Familie zurück zu lassen und nach Deutschland zu gehen, um Teller zu spülen. Ich war wütend und wollte die Arbeit hinschmeißen, doch mein Chef, der sehr gut türkisch sprach, weil er jahrelang in der Türkei in einem Hotel gearbeitet hatte, überredete mich dazubleiben.

Wir aßen mittags im Hotel, für uns wurde extra gekocht, weil wir kein Schweinefleisch aßen. Abends bereitete ich mir selbst in der Unterkunft etwas zu essen zu. Mit den Kollegen, die alle sehr nett waren, haben wir uns mit »Händen und Füßen« verständigt. Beim Einkaufen nahmen wir auch »Hände und Füße« zu Hilfe. Manchmal hatten wir leere Lebensmittelpackungen mit und zeigten sie den Verkäufern.

Die ersten paar Jahre musste ich nicht auf Ämter, weil das die Sekretärin meines Chefs für uns erledigte.

Später ging ich selber hin, entweder nahm ich jemanden mit, der sich gut verständigen konnte, oder ich versuchte, mein Anliegen selbst zu erklären, was mich immer sehr viel Kraft kostete.

Mit Freunden in einem Café in Worms.

Hatten Sie Heimweh? Wie hielten Sie den Kontakt nach Hause?

DY: Natürlich hatte ich großes Heimweh. Ich konnte nicht nach Hause telefonieren, weil meine Familie keinen Telefonanschluss besaß. Ich konnte nur Pakete verschicken, aber nicht mit der Post, das war zu teuer. Ich schickte sie mit Verwandten, die mit Autos in den Urlaub fuhren. Hin und wieder habe ich ein Foto von mir verschickt und auch welche aus der Heimat bekommen.

Seit wann leben Sie in Worms?

DY: Wir sind 1971 nach Worms gezogen. Früher haben wir in der Gibichstraße 1 gewohnt, jetzt haben wir eine Eigentumswohnung im Hohenstaufenring. Ich habe zuerst bei der Firma Kübel gearbeitet, im September 1978 habe ich bei Opel in Rüsselsheim angefangen.

Wie haben Sie Ihre Freizeit verbracht? Haben Sie Freunde gefunden? Haben Sie sich einem Kulturverein angeschlossen, vielleicht einem Fußballverein?

DY: Ich hatte mir wenn möglich immer freitags frei genommen, sodass ich zum Freitagsgebet gehen konnte. Da ich zu dieser Zeit noch keinen Führerschein besaß, musste ich zum Gebet laufen. Es war nicht ganz nah, und so ging schon fast ein ganzer Tag drauf. Manchmal ging ich mit Freunden in Cafés, um andere bekannte Gesichter zu treffen und gemeinsam etwas zu trinken, das, was man heute auch so tut.

Besuch bei Verwandten in Berlin: Duran und Sermin Yildirim mit Söhnchen Cengiz.

Wann ist Ihre Familie nach Deutschland gekommen und wie war das? War es schwierig, sich wieder aneinander zu gewöhnen?

Wenn Verwandte zu Besuch nach Worms kamen, zeigte man ihnen immer die Rheinpromenade.

DY: Meine Familie kam fünf Jahre später nach, also 1975. Es war ein schönes Gefühl, sie wieder um sich herum zu haben. Probleme gab es keine. Meine Frau hat zunächst in der amerikanischen Schule geputzt, später auch im Amtsgericht.

Haben Sie öfter überlegt, wieder in Ihre Heimat zurückzukehren und warum haben Sie es nicht getan?

DY: Ja, ich habe oft mit dem Gedanken gespielt zurückzugehen, aber dann habe ich mir überlegt, was ich dort denn arbeiten könnte. Niemand hätte mich noch genommen, weil ich schon zu alt war für eine neue Arbeit. Hier hatte ich meine Arbeitsstelle sicher.

Was hat Ihnen in Deutschland besonders gefallen, was hat Sie erschreckt, geängstigt, wütend gemacht?

DY: Gefallen haben mir die Straßen, die waren alle sauber. Irgendwie herrschte überall Ordnung und Disziplin, das hatte mir gut gefallen. Außerdem war die Technologie sehr weit, das gefiel mir auch sehr.

Was mich sehr ärgerte, war, dass ich mich in bestimmten Situationen sehr ungerecht behandelt fühlte, seitens der Polizei oder irgendeiner Behörde. Oft fielen die Wörter: »Ach, Ausländer!« Ich ärgerte mich sehr. Dadurch, dass ich auch nicht gut Deutsch konnte, konnte ich mich nie zu meinem Recht artikulieren. Ich wurde dann immer sehr wütend.

Wie geht es Ihnen heute?

DY: Ich bin alt geworden. All die Jahre habe ich mit schwerer Arbeit verbracht. Aber ich bin zufrieden. Ich habe eine wunderbare Familie und sehr erfolgreiche Kinder. Ich verbringe vier Monate im Jahr mit meiner Frau in der Heimat, die restlichen Monate hier in Worms.

Die **Anfangszeit** in Deutschland war schwer

GESPRÄCH MIT **Murat und Andrea Yildiz**
TEXT **Ulrike Schäfer**

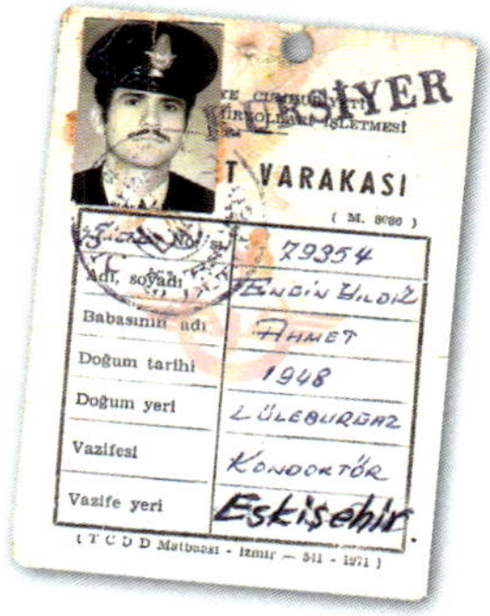

Bevor Engin Yildiz nach Deutschland kam, arbeitete er als *kondüktör* bei der türkischen Eisenbahn.

Engin und Naciye Yildiz kamen erst in den Jahren 1972/1973 nach Worms, elf Jahre nach dem Abschluss des Türkeiabkommens. Unsere Gesprächspartner waren Murat Yildiz, der Sohn des Ehepaares, der seit elf Jahren als Unternehmensberater bei IBM arbeitet und jetzt als Senior Manager bei Steria Mummert Consulting einsteigt, und seine Frau Andrea, die fließend Türkisch spricht.

»Mein Vater stammt aus Lüleburgaz, etwa 140 Kilometer nordwestlich von Istanbul, nahe an der bulgarischen Grenze. Die Stadt hat einen eher europäischen Charakter, es gibt viel Industrie dort, vor allem Textilindustrie, und der Trend zu weiteren Industrieansiedlungen hält an, denn die Lage von Lüleburgaz ist optimal für den Transitverkehr. Mittlerweile ist die Bevölkerung relativ wohlhabend, die Arbeitslosigkeit ist sehr gering.

Das war in den Siebzigerjahren noch anders. Mein Vater hat eine Art Fachschule mit Schwerpunkt metallverarbeitendes Gewerbe besucht, hat aber dann begonnen, bei der türkischen Bahn zu arbeiten.

Sein Verdienst war nicht sonderlich gut. Als er hörte, dass in Deutschland türkische Arbeiter mit und ohne Qualifikation gebraucht werden, meldete er sich. Er war damals 23 Jahre alt. Mit einem Vertrag der Firma Lampen-Schuch aus Worms in der Tasche fuhr er los. Die Fahrt dauerte drei Tage. Am Wormser Bahnhof

Engin Yildiz kam 1972 nach Worms.

1973 feierten Engin und Naciye Hochzeit.

Das erste gemeinsame Weihnachtsfest in Deutschland – unter dem Tannenbaum.

Das junge Ehepaar 1974 bei einem Besuch in der Heimat.

wurde er von einem Mitarbeiter der Firma Schuch abgeholt. Die hatten damals viele Türken beschäftigt.

Mein Vater arbeitete in der Produktion, Lampenherstellung und Verkabelung. Die Firma hat allerdings nicht zeitgemäß bezahlt. Mein Vater verdiente sehr wenig. Deshalb bewarb er sich bei Opel in Rüsselsheim und arbeitete dort achtzehn Jahre als Staplerfahrer. Dort war er sehr zufrieden. Was er verdiente, das war immer noch sehr viel mehr Geld, als er in der Türkei bekommen hätte.

Anfangs war er untergebracht in einem Wohnheim in der Römerstraße 5. Die Familien hatten nur ein Zimmer zur Verfügung und ein Gemeinschaftsbad und eine Toilette mit anderen zusammen.

Mein Vater fühlte sich in Deutschland natürlich sehr einsam, und er schrieb nach Hause, ob seine Mutter sich nicht umschauen könnte nach einem guten, anständigen Mädchen aus einer bekannten Familie. Arrangierte Ehen waren damals eine Selbstverständlichkeit, das war kein Zwang, man konnte auch nein sagen. Heute ist das anders geworden. Da gelten diesbezüglich europäische Maßstäbe.«

Als er im Urlaub nach Lüleburgaz kam, hatte seine Mutter tatsächlich schon ein passendes Mädchen gefunden. Die bildhübsche Naciye war damals siebzehn Jahre alt, sie dachte noch gar nicht ans Heiraten, aber der modische junge Mann, Typ John Travolta, sagte ihr doch sehr zu und gewann schnell ihre Zuneigung.

»Als nach sechs Wochen der Urlaub meines Vaters zu Ende war, reiste sie mit ihm nach Worms. Später fand sie, dass es doch ein bisschen schnell gegangen war. Vor allen Dingen, als sie ihr neues Zuhause sah. Meine Mutter war etwas Besseres gewöhnt. Sie stammt aus einem Bauernhof, man hatte dort alles, was man brauchte. Sie konnte sich nicht vorstellen, mit anderen Familien die Sanitäranlagen zu teilen. Besser wurde es, als sie nach Herrnsheim in die Untergasse 6 umzogen. Dort bin dann ich 1974 auf die Welt gekommen.

Als ich neun Monate alt war, haben mich meine Eltern nach Lüleburgaz gebracht. Das war sicher eine schwere Entscheidung für sie. Wie die meisten ihrer

Landsleute dachten sie, dass ihr Aufenthalt in Deutschland nur vorübergehend wäre, und das Umfeld, in dem sie wohnten, war für Kinder ja nicht gerade optimal. Sie nahmen an, dass ich es in der Türkei, in der riesigen Familie, besser haben würde. Später wollten sie mich wieder holen, aber daraus wurde nichts.

Meine Schwester Özlem, die fünf Jahre später geboren wurde, lebte bis zu ihrem sechsten Lebensjahr in Worms, sie ging dort in den Kindergarten und lernte sehr gut deutsch sprechen. Sie konnte damals sogar meinen Eltern oft behilflich sein. Auch sie kam dann in die Türkei, studierte in Izmir Ökotrophologie und später in Bursa Wirtschaftswissenschaften und ist jetzt bei Unilever als einzige Frau unter vielen Männern verantwortlich für den Vertrieb von Langnese Eiskrem. Eine sehr verantwortungsvolle Stellung!

In der Türkei gibt es sehr viele junge Menschen, und alle wollen studieren. Die Universitäten reichen kaum aus. Deshalb hilft man sich mit Aufnahmeprüfungen, die alle an einem bestimmten Tag jedes Jahr abgelegt werden müssen. Es sind Millionen von Abiturienten, die sich an diesem Tag den Prüfungen unterziehen, und je nachdem, welche Punktzahl sie erreichen, werden sie einer Universität und einem Studienfach zugewiesen. Ich hatte mich für das Studium der Elektrotechnik in Antalya qualifiziert, aber die Uni dort hat mich nicht begeistert, deshalb riskierte ich es und bewarb mich in Deutschland. Ich bekam sofort von allen Hochschulen, an denen ich mich beworben habe, Zusagen. Nachdem ich an der Fachhochschule in Darmstadt zwei Semester studiert hatte, merkte ich, dass ich eigentlich lieber Informatik studieren wollte. So kam ich dann wieder nach Worms.

Die Eltern wohnten mittlerweile in der Lauergasse, in der Altstadt, Nähe Kaiserpassage. Die Wohnung war sehr bescheiden ausgestattet und so klein, dass ich kein eigenes Zimmer hatte. Trotzdem weinte meine Mutter, als ich bald schon umzog ins Studentenwohnheim. Sie hatte endlich ihren Sohn bei sich und wollte ihn nicht

Die Beschneidung der Jungen ist in der Türkei ein großes Fest. Auf dem Foto ist oben links Semiha (im Karohemd, Cousine von Murats Tante); Fatma Ekici (heute Sezgin, Murats Tante; Ganime Ekici (Murats Großmutter); zweite Reihe: Murat, Celal Ekici (Murats Onkel), Cemail Ekici (Murats Großvater), unten: Nazile Celep (Murats Urgroßmutter mütterlicherseits), Hakime Celep (Murats Großtante)

Hier ist Özlem (mit Großvater Cemail Ekici, Bruder Murat und Cousin Özgür Kurtpulat bei einer Geburtstagsfeier 1983) noch ein Baby.

»
Sie waren sich vieler Möglichkeiten gar nicht bewusst.
«

gleich wieder hergeben. Auch weckte der Gedanke an Wohnheime keine guten Erinnerungen bei ihr.

Ich habe als einzige Fremdsprache in der Schule Deutsch gehabt und auch in Deutschland gleich einen Deutschkurs belegt, aber meine Eltern haben nie richtig Deutsch sprechen gelernt. Meine Mutter erzählt immer, dass sie sich das Wort »Brot« auf die Handinnenfläche geschrieben hat, um es im Geschäft ablesen zu können. Eine deutsche Nachbarin brachte ihr die einfachsten Wörter bei. Sie betont aber immer wieder, wie freundlich die Menschen waren, vor allem in Herrnsheim, da hat sie nur positive Erinnerungen.

Abschied bei Röchling: Engin Yildiz (vorne mit Warnweste) ging 2009 in Rente.

Mein Vater konnte auch nur gebrochen Deutsch. Nach sechzehn Jahren bei Opel wurden dann Kurzarbeit bzw. großzügige Abfindungen angeboten für diejenigen, die selbst kündigen würden. Letzteres nahm er gerne an, da er überzeugt war, wieder schnell Arbeit zu finden, vielleicht sogar näher an Worms. Darauf folgte eine zweijährige Arbeitslosigkeit, die meinem Vater sehr zusetzte.

Naciye und Engin mit Murat, Andrea und Özlem Yildiz bei Murats und Andreas Henna-Abend in Lüleburgaz im Juni 2003.

Endlich fand er wieder eine Arbeit bei Röchling in Worms. Nach einigen Jahren als Produktionsmitarbeiter hatte er dort die Möglichkeit, seiner vorherigen Tätigkeit als Staplerfahrer wieder nachzugehen. Aufgrund der sprachlichen Schwierigkeiten fiel er jedoch zunächst völlig überraschend durch die Prüfung und verstand die Welt nicht mehr. Er hatte ja genau diesen Job sechzehn Jahre bei Opel gemacht! Als er später die Prüfung bei einem anderen Prüfer wiederholte, bestand er sie dann problemlos. Er war dreizehn Jahre, bis zu seinem Ruhestand, bei Röchling.

Meine Eltern hatten kaum Kontakt mit gleichaltrigen Deutschen, höchstens mit älteren Leuten, beispielsweise der über achtzigjährigen Nachbarin, nach der meine Mutter täglich schaute und ihr bei Erledigungen half. Dafür hatten sie einen sehr großen türkischen Freundeskreis. In Deutschland hatten meine Eltern viel Kontakt zu eher konservativen Familien. Die Religion hat dadurch für meine Mutter mehr an Bedeutung gewonnen, sie hat im letzten Jahr sogar allein eine Hadsch, eine Pilgerfahrt nach Mekka, unternommen.

Meine Eltern haben Deutschland eigentlich erst durch meinen Einfluss schätzen gelernt, sie waren sich der vielen Möglichkeiten, die sie hatten, gar nicht bewusst. Heute haben sie eine Eigentumswohnung am Rheintorplatz, verbringen aber den größten Teil des Jahres in der Türkei, in der Nähe meiner Großeltern und der übrigen Familie. Die Gegend um Lüleburgaz ist auch landschaftlich sehr reizvoll, in vierzig bis fünfzig Minuten ist man am Marmarameer.

Sie haben mich früher regelmäßig besucht, als ich noch selbst dort lebte, und ich habe die Großfamilie sehr genossen. Die Türken sind ein ungemein kommunikatives Volk. Sie sind sehr offen, interessiert, es herrscht dort ständig ein kreatives Durcheinander, weil sie gewöhnt sind, immer zu improvisieren. Bei meiner Arbeit als Unternehmensberater mit Menschen aus aller Welt und vielen unerwarteten Situationen kommt mir das sehr zugute. Es sind die idealen Voraussetzungen für das Funktionieren einer globalisierten Welt.

Die Eltern besuchten ihren kleinen Jungen so oft es ging in der Türkei und brachten häufig etwas Schönes mit. Hier mit einer Freundin und seinem Onkel Celal Ekici 1978 in Lüleburgaz.

»Meine Mutter hatte Angst, dass wir unangenehm *auffallen*«

GESPRÄCH MIT **Zuhal Karataş**
TEXT **Ulrike Schäfer**

Zuhal Karataş

ist in Deutschland geboren. Sie ist 38 Jahre alt, verheiratet und hat zwei Kinder, einen Sohn und eine Tochter. Sie ist in der DITIB-Frauengruppe aktiv.

Wann sind eigentlich deine Eltern nach Deutschland gekommen?

ZUHAL KARATAŞ: Wir kommen von der Schwarzmeerküste. Als meine Eltern nach Deutschland kamen, war ich noch nicht auf der Welt. Mein Vater hatte einen Vertrag bei Rhenodur. Meine Eltern wollten immer wieder zurückgehen, jedes Jahr, aber irgendwie funktionierte es nicht. Nacheinander kamen wir Kinder, wir waren erst im Kindergarten, dann in der Schule. Jetzt haben wir hier selbst Familien gegründet und eigene Kinder, und natürlich wollen meine Eltern in unserer Nähe sein. Gerade war meine Mutter zwei Monate in der alten Heimat, aber sie hält es dort nicht aus, weil hier ihre Kinder und Enkel und natürlich auch ein Teil ihrer Freunde sind.

Kannst Du Dich noch an die ersten Jahre Deiner Kindheit erinnern?

ZK: Oh, sehr gut. Wir wohnten in einer Baracke in der Nähe der Firma – die gibt es jetzt längst nicht mehr – und teilten uns die Küche und die Toilette mit mehreren Familien. Es war ganz schrecklich dort. Es war immer Krach in diesem Haus, man bekam alles mit. Meine Mutter fand die Verhältnisse furchtbar unhygienisch und wollte ständig alles desinfizieren, aber das ließ sich nicht durchsetzen. Sie weinte oft deswegen. Schließlich sagte mein Vater: Jetzt reicht's! und mietete eine Wohnung für uns. Das war ziemlich teuer, aber wir hatten endlich unsere Ruhe. Dieses Haus gibt es übrigens heute auch nicht mehr.

Wie sind Deine Eltern mit ihrem Leben hier klar gekommen?

ZK: Mein Vater hat natürlich viele Stunden täglich gearbeitet. Meine Mutter war sehr, sehr ängstlich. Sie wollte unter keinen Umständen, dass wir Kinder irgendwie auffallen. Sie hat uns immer ermahnt leise zu sein, nicht zu stören. Meine Mutter ist eine nette, liebevolle Frau. Sie wollte nur unser Bestes. Dabei ist es doch ganz normal, wenn Kinder spielen und ein bisschen laut sind.

Du hattest also keine so schöne Jugend?

ZK: Doch, doch unbedingt. Wir hatten sehr viele Freiheiten, auch als wir Teenager waren. Meine Eltern waren sehr großzügig. Sie hätten uns nie Vorschriften gemacht, was unsere Freundschaften betrifft. Es war eben immer nur diese Angst meiner Mutter, in diesem fremden Land nicht anecken zu dürfen. Das spürten wir immer. Trotzdem ist meine Mutter zu allen Elternabenden in der Schule gegangen, wenn mein Vater verhindert war, auch wenn sie wenig verstanden hat. Sie wollte einfach nicht, dass es hieß, die Türken kümmern sich nicht um ihre Kinder.

Du sagst, sie hat wenig verstanden. Konnte sie kein Deutsch?

ZK: Nein, anfangs natürlich gar nicht. Deutschkurse waren damals sehr teuer, mein Vater hat mir mal gesagt, wie viel das kostete. Eigentlich war das Geld nicht einmal das Problem, die Zeit war nie da. Und natürlich wollten sie ja auch immer zurückgehen. Meine Mutter erzählt immer, wie schwierig es war, einkaufen zu gehen. Zum Beispiel Salz zu kaufen. Sie hat einmal

»Wir hatten sehr viele Freiheiten, auch als Jugendliche. Meine Eltern haben uns nie Vorschriften gemacht, was unsere Freundschaften betrifft.«

»
Natürlich lebe ich auch gern hier, ich fühle mich sogar manchmal richtig deutsch.
«

sogar einen Topf und einen Kochlöffel mitgenommen, um der Verkäuferin zu zeigen, was sie wollte. Alles war schwierig. Es gab ja noch keine türkischen Geschäfte. Wenn meine Eltern mal nach Mannheim kamen, wo es den großen runden Schafskäse gab, da waren sie überglücklich.

Du lebst nun seit deiner Geburt hier, hast hier deine Familie, deine Freunde. Trotzdem hast auch schon daran gedacht, wieder in die Türkei zurückzugehen. Was hindert dich?

ZK: Ich bin einfach hin und her gerissen. Meine Kinder gehen hier in die Schule. Ich möchte sie da jetzt nicht rausnehmen. Und natürlich lebe ich auch gerne hier, ich fühle mich sogar manchmal richtig deutsch. Aber ich in meinem Herzen bin ich Türkin, meine Heimat ist die Türkei. Die Menschen dort sind alle viel gelassener, freier, herzlicher. Wenn sich beispielsweise dort an einer Supermarktkasse eine lange Schlange bildet, wird keiner ungeduldig und schreit: »Zweite Kasse!«

Ist das heute noch die Türkei deiner Kindheit?

ZK: Nein, es verändert sich dort ganz viel. Ich bin jedes Jahr, wenn ich in den Ferien hinfliege, wieder völlig überrascht, was sich alles dort getan hat. Alles ist sehr modern, aufgeschlossen, und zwar nicht nur in Istanbul. Ich liebe meine Heimat!

Ein erster *Ausländerbeirat*

INTERVIEW MIT **Karl Saulheimer**
PROTOKOLL **Berthold Röth · Abu Şehmuz Demir**

Als Du 1968 zum DGB-Kreisvorsitzenden in Worms gewählt wurdest, da war die »Gastarbeiterfrage« aus den Kinderschuhen herausgewachsen …

KARL SAULHEIMER: Ja, als ich hier anfing waren bereits viele in Worms. Ein Grund dafür war, dass die Anwerber der Unternehmen in der Türkei sehr viele Leute als »Gastarbeiter« gewinnen konnten, wobei sich insbesondere die Möbelfabrik Kübel hervortat. Die Angeworbenen spürten als erstes die Wohnungsnot, denn sie mussten in Baracken leben. Diese waren nicht etwa primitiv, sondern angesichts der Verhältnisse, die wir Deutsche durch den Krieg kannten und in den zerbombten Städten erleben mussten, durchaus bewohnbar. Doch es waren keine Wohnungen. Deswegen wurde ich in meiner neuen Aufgabe direkt mit der Frage des Familienzuzugs konfrontiert. Denn jeder, der als sogenannter »Gastarbeiter« in einer solchen Baracke wohnte, trug sich natürlich mit dem Gedanken, so bald wie möglich dort herauszukommen. Über eine zweite Gruppe ist in Worms eigentlich nur sehr wenig bekannt. Einige hundert »Gastarbeiter« wurden drüben am Atomkraftwerk Biblis beschäftigt und manche wohnten in Worms. Block A war 1968 schon so gut wie fertig, aber natürlich noch lange nicht in Betrieb. Die Blöcke B und C waren geplant. Gemein-

»
Der Organisationsgrad war bei den türkischen Beschäftigten mindestens so hoch wie bei den Deutschen, in einigen Betrieben vielleicht sogar höher.
«

sam konnten der DGB Kreis Darmstadt (zu dem Biblis gehört) und der DGB Kreis Worms mit Unterstützung Christoph von Weizsäckers, des Bruders des späteren Bundespräsidenten, den Bau des Blocks C verhindern.

Wie war das Verhältnis der »Gastarbeiter« zu den DGB-Gewerkschaften und umgekehrt?

KS: Als ich 1968 hierher kam, lebten manche »Gastarbeiter« bereits einige Jahre in Worms. Es gab allerdings schon Vertrauensleute, d.h. türkische Kollegen, die sowohl von ihren Landsleuten als auch von deutschen Kollegen als gewerkschaftliche Vertrauensleute gewählt worden waren. Der Organisationsgrad war bei den türkischen Beschäftigten mindestens so hoch wie bei den Deutschen, in einigen Betrieben, wenn ich an Kübel und später auch an Dingler und Karcher und Cie. (DKC) denke, vielleicht sogar etwas höher als bei den deutschen Kollegen. Ihre Probleme hatten mich von Beginn an interessiert, doch kam ich erst nach drei Jahren dazu, mich um die soziale Frage der »Gastarbeiter« zu kümmern. Am 25. Januar 1972 gründeten wir bei der Stadtverwaltung einen Sozialausschuss für ausländische Arbeitnehmer.

Wie wurden die Betroffenen selbst daran beteiligt?

KS: Zunächst lief alles über deren Köpfe hinweg. Der Leiter des Sozialamtes, Manfred Baumann, und ich waren der Meinung, dass erst einmal ein sogenanntes Betreuungs- und Hilfsnetz für ausländische Arbeitnehmer aufgebaut werden müsse. Dazu luden wir alle gemeinnützigen Unternehmen und karitativen Einrichtungen ein. Es musste beispielsweise geklärt werden, wer sich um die Gruppe der Griechen und Türken kümmert. Der DGB erfuhr natürlich aus erster Hand, was die Menschen interessierte und wo die Probleme lagen, weil die ausländischen Beschäftigten in den Betrieben zu ihren deutschen Kolleginnen und Kollegen einen sehr guten Kontakt hatten. Es gab überhaupt keine Ressentiments in den Betrieben, weil die »Gastarbeiter« schon

Vertrauensleute, später sogar Betriebsratsmitglieder waren und sich gewerkschaftlich engagierten. Also kümmerte sich die christliche Caritas um die Griechen und die keiner Religion zuneigende Arbeiterwohlfahrt um die Türken. Es ging bei diesen Treffen um den Aufbau einer ersten Betreuungsstruktur im Rathaus. Und lediglich ich hatte drei oder vier ausländische Betriebsräte aus Wormser Unternehmen mitgebracht.

Es ging also vorrangig noch um Hilfe und nicht um Beteiligung?

KS: Richtig, aber mit dem damaligen Oberbürgermeister Dr. Kuhfuß konnte man über solche Probleme immer sehr gut reden. Bei irgendeiner Gelegenheit sagte ich zu ihm, was er davon hielte, die ausländischen Arbeitnehmer in einem eigenen Gremium stärker zu Wort kommen zu lassen. Mir schwebte vor, die Betriebsratsvorsitzenden von drei, vier großen Wormser Unternehmen und die dort gewählten ausländischen Betriebsratsmitglieder zusammenzubringen. Das haben wir auch gemacht. Dieses Gremium umfasste anfangs mit dem Oberbürgermeister, dem Leiter des Sozialamtes und mir sieben, acht Personen – für uns war das ein erster »Ausländerbeirat«.

Was konnte dieses Gremium bewirken?

KS: Zunächst ist wichtig, festzustellen, dass die Verständigung bei Kübel sichergestellt war, weil das Unternehmen auch Dolmetscher beschäftigte, die Türkisch sprachen. Ähnlich gut lief das auch auf den Baustellen des AKW Biblis, wo ich alle drei, vier Tage war. Das Hauptanliegen dieses neuen Gremiums war die Wohnungsnot. Allen wurde sehr schnell klar, dass die türkischen Kollegen keine »Gastarbeiter« mehr waren, sondern Menschen, die jetzt dauerhaft in Deutschland lebten und arbeiteten. Hier war die Wohnungsbau GmbH gefragt, die auch schon beim ersten großen Treffen mitwirkte. Wir hatten in Worms einige Straßen, in denen Deutsche nicht so gerne wohnen wollten

» **Allen wurde schnell klar, dass die türkischen Kollegen keine ›Gastarbeiter‹ mehr waren.** «

»
Das Problem Wohnungsnot ließ sich nie vollständig lösen.
«

und wo zahlreiche Wohnungen leerstanden wie beispielsweise in der Wollstraße. Alles uralte Häuser und in ihrer Ausstattung eher minderwertig. Dort konnten wir sehr viele Beschäftigte aus der Türkei und anderen Ländern unterbringen. Das war keine Zwangszuweisung, sondern ein Angebot, welches die meisten annahmen, weil es ihnen immer noch besser als ein Leben weiterhin in einer Baracke erschien. Darüber hinaus gab es damals noch die »AG zum Bau von kleinen Wohnungen«. Der Name sagt schon aus, dass es sich nicht um Villen handelte, die gebaut wurden. Die AG konnte vielen helfen. Doch ließ sich das Problem Wohnungsnot nie vollständig lösen.

Wie sah es mit den Familien der ausländischen Kollegen aus?

KS: Das war eine zweite, ebenfalls schwierige Frage. Manche Kollegen erzählten von ihren zwei Töchtern, einem Sohn und andere von mehreren Kindern. Dabei ging es natürlich nicht nur um den Nachzug der Familien, sondern auch darum: Wie sieht es aus mit Schulen, mit Ausbildungsplätzen usw.?

Die türkischen Kollegen haben sich nicht nur gewerkschaftlich organisiert, sondern auch einen eigenen Arbeiterverein in Worms gegründet. Wie war das?

KS: Anfangs sehr gut, später und zum Schluss sehr schwierig. Der türkische Arbeiterverein gründete sich 1974 oder 1975. Sein Sitz war damals im Gasthaus »Unter den Linden«. Ich war zu dieser Zeit alternierender Vorsitzender der AOK Worms-Alzey und deren stellvertretender Geschäftsführer Walter Bock, der einzige Sohn des Gastwirts. Er erlaubte, dass im Nebenzimmer das Vereinslokal entstand. Später wechselte es ins »Malepartus«.

Wurde die unterschiedliche religiöse Orientierung der ausländischen und deutschen Kollegen zu einem Problem?

KS: Nach meiner Erfahrung gab es überhaupt keine religiösen Auseinandersetzungen in dieser Zeit. Wir kannten Probleme anderer Art zwischen Türken und Kurden sehr wohl. In Worms ging es um soziale Probleme. Die heutigen Differenzen zwischen Christentum und Islam gab es damals bei uns nicht. Es tut mir leid, dass das inzwischen so ist, und ich hätte mir nie vorstellen können, dass diese Entwicklung einmal so scharf und aggressiv wird, wie es sich heute darstellt.

» **Religiöse Auseinandersetzungen gab es keine – Probleme zwischen Türken und Kurden sehr wohl.** «

Mit dem Nachzug der Familien kamen auch türkische Frauen nach Worms. Hat sich dadurch die »Gastarbeiterfrage« verändert?

KS: Sie wurde umfangreicher, aber nicht schwieriger. Problematisch war anfangs die Suche nach Ausbildungsplätzen für türkische Mädchen. Wir in Worms hatten eigentlich immer das Gefühl, dass die Frauen bei den Türken vollkommen gleichberechtigt sind. Beispielsweise waren in Ludwigshafen türkische Frauen in größerer Zahl jede Woche zusammen, haben gekocht und Gäste empfangen. Vergleichbares gab es in Worms nicht. Wir feierten natürlich auch gemeinsame Feste und organisierten eine Ausländerwoche, die es immer noch gibt. Dort traten viele türkische Frauen genauso wie die Männer an allen Ständen auf. Ich erinnere mich auch daran, dass ich jedes Jahr zum Ende des Ramadan zu einem großen Familienfest eingeladen wurde. Ich hätte sechs oder sieben Familien besuchen können, um mit ihnen zu feiern. Dabei spürte ich keine Differenzen zwischen Mann und Frau. Ich hatte immer das Gefühl, sie seien gleichberechtigt. Im Zusammenhang mit dem Internationalen Frauentag am 8. März sind türkische und jugoslawische Frauen gleichberechtigt mit aufgetreten. Das war für alle selbstverständlich. In der Frauen- wie in der Frage der abhängig Beschäftigten gab es keine Auseinandersetzung zwischen Ausländern und Deutschen: in den Betrieben schon gar nicht, gesellschaftlich auch nicht und gewerkschaftlich sowieso in keiner Weise.

»Ich kam mir vor wie ein Menschenhändler«

GESPRÄCH MIT **Heiner Boegler**
PROTOKOLL **Ulrike Schäfer**

Heiner Boegler

Von 1969 bis 1979 Bezirksleiter der Gewerkschaft Nahrung Genuss Gaststätten, danach lange Jahre Vorsitzender des DGB-Kreisverbands Ludwigshafen, war Heiner Boegler ab 1962 Betriebsratsvorsitzender bei der Deuka, dem Wormser Kraftfuttermittelwerk (früher Nibelungenmühle). Er hatte bei der Rheinelektra gelernt, war Elektromeister und wollte sich weiterentwickeln. Boegler war bereits seit 1956 Gewerkschaftsmitglied, von Anfang an Jugendleiter bei der IG Metall, später Kreisjugendausschussvorsitzender. Der technische Betriebsleiter der Deuka, Burmeister, hatte ihm nahe gelegt, sich für diese Aufgabe zur Verfügung zu stellen.

Es war damals akuter Arbeitskräftemangel. Wir sind jeden Tag nach Mannheim gefahren, um Tagelöhner abzuholen und sie abends wieder zurückzubringen. Anfangs ging es nur um sechs, sieben Mann, um die Arbeitsspitze abzudecken, doch unsere Produkte wurden immer stärker nachgefragt, so dass rund um die Uhr geschafft werden musste. Es kamen ständig Rohstoffe mit der Bahn und mit dem Schiff, die entladen werden mussten, die fertigen Produkte mussten verpackt und aufgeladen werden.

Der Betriebsrat konnte natürlich auf Dauer nicht zusehen, dass die Leute zwölf Stunden und mehr arbeiteten. Unsere Chefs forderten uns auf, Arbeitskräfte zu suchen. Sie boten uns sogar Vermittlungsgebühr, aber es gab überhaupt keine Ressourcen. Wir sagten: »Wir müssen Gastarbeiter anwerben, es gibt keine Alternative.« So wurden ein Kollege und ich nach Istanbul geschickt, um zehn Leute anzuheuern.

Die Menschen standen dort auf dem Markt und hatten die fertigen Papiere in der Hand. Wir brauchten nur auszuwählen. Ich kam mir vor wie ein Menschenhändler. Viele Türken waren aus Anatolien gekommen, sie waren größtenteils mit Pferdefuhrwerken unterwegs gewesen. Deshalb kamen sie dann auch anfangs hier nicht gut mit dem Verkehr zurecht. Hier in Deutschland hat sich niemand damit beschäftigt, dass die Türken aus einem anderen Kulturkreis kommen.

In diesem Hof in Rosengarten waren die türkischen Gastarbeiter der Deuka einquartiert. Das Wohnheim war in recht gutem Zustand. Heute sind die Gebäude des Anwesens vollständig renoviert.

In Rosengarten hatte das Unternehmen einen Bauernhof gepachtet, dort gab es ein Wohnheim, in dem etwas zehn Leute untergebracht werden konnten. Sie wurden zunächst morgens dort geholt und abends wieder heimgebracht. Sie hatten aber unterschiedliche Arbeitszeiten. Deshalb kaufte die Firma gebrauchte Fahrräder für sie und brachte ihnen das Radeln bei, damit sie sich selbstständig bewegen konnten.

Die Türken haben sich gut eingelebt, haben sich gut vertragen. An der Firmenverpflegung wollten sie nicht teilnehmen, sie hatten Angst, dass ihnen Schweinefleisch vorgesetzt würde. Sie haben in der ersten Zeit einen Topf voll Pellkartoffeln, Brot und Salz mitgebracht und das gegessen. Später sind wir gemeinsam mit ihnen in einen Supermarkt. Sie haben auf die Lebensmittel gezeigt, die sie haben wollten. Gekocht haben sie sich selbst und auch sonst in ihrer Unterkunft für Ordnung gesorgt, obwohl sie das sicher so nicht von zu Hause kannten.

Natürlich hatten sie Heimweh, sie waren nach Deutschland gekommen, weil sie sich von dort günstigere Lebensbedingungen erwarteten als Zuhause. Was haben die gestrahlt, wenn sie ihre Lohntüte bekamen! Und jeden Pfennig nach Hause geschickt. Die Gastarbeiter haben etwa das gleiche bekommen wie ein deutscher Hilfsarbeiter. Wir hatten einen Hausvertrag, da gab es verschiedene Zulagen, z. B. eine Schmutzzulage.

»
Sie haben die erste Zeit einen Topf Pellkartoffeln, Brot und Salz mitgebracht und das gegessen.
«

Zu den ersten Firmen, die türkische Gastarbeiter beschäftigten, gehörte die Deuka.

Den Türken hat der Schmutz nichts ausgemacht, sie waren das gewohnt, während die Deutschen ja für solche Arbeiten nicht mehr zu haben waren. Auch das war übrigens ein Grund, warum man auf ausländische Arbeiter zurückgreifen musste. Die türkischen Arbeiter waren sehr geschätzt, weil sie arbeitswillig waren und alle Aufträge ohne Murren erledigt haben. Sie waren auch ohne Weiteres bereit, über die erlaubten zehneinhalb Stunden hinaus zu arbeiten. Da haben sich mir als Betriebsrat die Nackenhaare gestellt. Aber die Arbeit war anders gar nicht zu bewältigen.

Es war möglich, die türkischen Arbeiter bis zu anderthalb Jahren zu beschäftigen. Danach kamen neue, ein paar haben auch gefragt, ob sie bleiben dürften. Aber nach dem zweiten Durchgang hat die Deuka dann keine Türken mehr eingestellt. Auf Dauer machten sich die Kommunikationsprobleme doch unliebsam bemerkbar. Niemand hat sich darum gekümmert, dass die Gastarbeiter Deutsch lernten. Sie verstanden vieles nicht, hielten sich nicht an die Unfallverhütungsvorschriften, beispielsweise an das strikte Rauchverbot; konnten die Hinweisschilder nicht verstehen, sodass im Umgang mit den Maschinen manche kritische Situation entstanden ist. Die Firma bekam den Arbeitsmangel dann auch in den Griff durch Rationalisierungen, etwa indem sie die Anlieferungs- und Produktionsmethoden verbessert hat.«